내 옆자리의 악인은 왜 사라지지 않을까 ?

악인의 탄생

도키와 에이스케 지음

뜨록

프롤로그

- 자녀를 학대하는 부모
- 부하를 괴롭히거나 성희롱하는 상사
- 친구를 왕따시키는 아이
- 지하철에서 승객을 추행하는 직장인

우리는 이러한 사람들을 이른바 '악인'이라 부르며 싫어한다.

21세기가 된 지금도 여전히 악인은 존재하기에, 우리는 이들이 왜 사라지지 않는지, 이렇게 행동하는 원인은 무엇인지 살펴볼 필요가 있다.

사실 '성격이 나쁘다'고 해서 무조건 악인이 되는 것은 아니다.

'아니야, 자기 욕망만 중요하다고 생각하잖아.'
'당장이라도 사회에서 매장시켜야 해!'
이렇게 생각하는 사람도 있을지 모른다.

그러나 악인이 생겨나는 이유는 바로 당신 때문이다.

'웃기지 마. 난 나쁜 짓 같은 건 안 해!'

'난 그냥 열심히 살고 있을 뿐인데?'

대부분의 사람이 이렇게 생각할지도 모른다. 그러나 일단 **악인이 생겨나는** '**구조**'를 알게 되면, 당신은 분명 큰 충격을 받을 것이다.

이렇게 단정할 수 있는 이유는, **내가 바로 악인의 피해자였기 때문이다.**

나는 어린 시절 아버지로부터 학대를 당하다가, 부모님이 이혼하신 뒤로는 파견 회사에서 1,500만 원의 연봉을 받는 어머니와 힘겹게 살아왔다.

15년쯤 지난 어느 날, 문득 이런 의문이 들었다.

'**나는 왜 이렇게 살아야 하지?**'

'**부모님은 왜 저렇게 살 수밖에 없을까?**'

이후로 나는 10년 동안 '악인은 왜 악인이 되는가'에 대해 철저히 분석했다.

이는 독서와 검색, 조사에 그치지 않았다. 국제 조약이나 일본법에 대한 정책 제언을 하거나, 크라우드 펀딩을 진행해 온라인 매체에 목소리를 내기도 하고, 투자자로부터 10억 원 이상을 투자받아 저가형 스마트폰을 개발해 신흥국에 판매(소셜 비즈니스)하는 식으로 문제를 해결하기 위한 다양한 시도를 해왔다.

이러한 경험들을 통해 나는 다음과 같은 결론에 도달할 수 있었다.

'**사회 구조가 악인을 만들어 낸다.**'

마치 컨베이어 벨트가 돌아가듯 말이다.

그렇기에 **악인에게는 책임이 없다고** 말할 수 있다.

우선 우리는 악인에게 다음과 같은 '원인'이 있다는 사실을 알아야 한다.

- 유전이나 건강 상태로 인해 악인이 되는 경우
- 왕따나 학대 등으로 인한 정신적인 문제로 악인이 되는 경우
- 낡은 가치관과 새로운 시대의 부조화로 악인이 되는 경우
- 타인의 명령에 의해 악인이 되는 경우

다시 말해 **악인도 피해자**라는 이야기다.

그렇다면 '피해자'가 '악인'으로 변하는 이유는 무엇일까? 그것은 이러한 원인을 감독하는 사람들에게도 문제가 있기 때문이다. 예를 들어보자.

- 흑인이라는 이유만으로 잠재적 악인으로 낙인찍어 버리는 경찰관
- 너무 바쁜 나머지 학생들의 이야기를 들어 줄 시간조차 없는 학교 선생님
- 모든 일을 언론에서 받은 인상으로 결정하는 고학력 엘리트 공무원

당신이 존경하는 경찰관이나 학교 선생님, 그리고 명문대를 졸업한 엘리트조차 원인에 적절하게 대처할 수 없다는 사실에 놀랄지도 모른다. 그러나 이것이 현실이다.

물론 당신도 악인을 만들어내는 장본인이다.
다음과 같은 일을 하고 있지 않은가.

- 일은 열심히 하지 않으면서 젊은 세대에 대한 불만만 쏟아내는 일
- 불확실한 정보를 SNS에 퍼뜨리는 일
- 선거 포스터만 보고 투표하는 일
- 학교나 직장에서 누군가 따돌림을 당해도 외면하는 일
- '다들 그러니까', '어떻게든 되겠지' 하며 편안한 삶을 추구하는 일

위와 같은 일을 하나의 이야기로 그려낸 《조커》는, 10억 달러 이상의 흥행 수입을 기록한 세계 최초의 청소년 관람 불가 영화다.
간단히 줄거리를 소개하면, 수많은 괴롭힘에 괴로워하던 주인공이 서서히 '조커'라는 악인으로 변해 가는 내용이다.

전 세계의 많은 이들이 조커에게 공감한다는 것은, 바꾸어 말하면 악인 역시 피해자임을 인식하고 있다는 뜻으로도 해석할 수 있다.

물론 현실에서는 나쁜 짓을 저지르면 반드시 법에 따른 심판을 받는다.

하지만 약물 중독자나 성범죄자가 별도의 치료를 받는 것처럼, 악인을 대하는 방식도 바꿔 나갈 필요가 있다.

예컨대 사이코패스가 사람을 해치는 이유는 공감 능력이 일반인과 비교해 현저히 떨어지기 때문이다. 그러나 사이코패스는 경영인이나 외과 의사 중에서도 찾아볼 수 있다.
이처럼 사이코패스와 같은 성향은 단점이 아닌 장점으로도 작용할 수 있다.

우리는 그동안 다른 생물보다 '인간'의 지능이 뛰어날 거라고 지나치게 기대해 왔다.

아이들에게 도덕을 가르치면 그 아이들에게 도덕성이 생기고, 도덕성이 함양된 아이들은 아무리 많은 나쁜 짓을 저질러도 끝내 착한 사람이 될 거라는 기대처럼 말이다.

하지만 이는 대단히 큰 착각이다.

악인의 발생에 악인은 책임이 없다. 착각을 버리고 적절한 방식으로 그들을 대하자. 그렇지 않으면 악인은 결코 사라지지 않고, 피해자는 계속 늘어날 것이다.

이것이 바로 이 책의 주제다.

이 책은 '악인'의 사례를 소개함으로써, 피해자의 힘들었던 경험담을 르포 형태로 전달하거나, 가해자들을 비방하고자 쓴 것이 아니다.

단지 '악인'과 그 주변 사람들을 조명하고 구조를 파악함으로써, 각 분야의 전문가들이 서로 협력해 우리 사회를 조금이라도 더 나은 방향으로 개선하는 계기가 되었으면 한다.

나 혼자서는 이 모든 문제를 해결할 만한 좋은 아이디어를 제시할 수 없다.

다만 차별이나 따돌림은 오래전부터 존재해온 문제이지 않은가.

이제 이런 악순환을 끊어낼 때가 아닐까?

도키와 에이스케

Contents

Chapter 1

악인이 사라지지 않는 이유는 무엇인가?

Chapter 2

악인이 만들어지는 구조가 존재한다

Chapter 3

지난 300년간, 우리는 잘못된 방식으로 악인을 물리쳐 왔다

Chapter 4

지금도 엘리트들은 무지함 속에서 계속 잘못을 저지른다

Chapter **5**

악인도 행복해지는 사회로 나아가자

Chapter 1

악인이
사라지지 않는
이유는
무엇인가?

1

매일같이
학대 뉴스가 보도되는
이유는 무엇일까?

일본에서 매년 몇 건의 아동 학대가 일어나는지 알고 있는가?

2019년 한 해 동안 아동 상담소에 접수된 상담 건수는 19만 건으로, 하루 평균 500건이 넘는 상담이 이루어진다. 이는 어디까지나 접수된 상담 건수에 불과하며 실제 발생하는 아동 학대는 이보다 훨씬 많을 것으로 추측된다.

훈육 차원의 '가벼운' 학대가 있는가 하면, 죽음에 이를 정도로 '심각한' 학대도 있다. 이 가운데서도 일부 참혹한 사건만이 대중 매체를 통해 보도된다. 우리가 매일같이 학대 뉴스를 접한다는 것은 사회 곳곳에 그만큼 학대가 만연하다는 증거이기도 하다.

아동 상담소의 학대 상담 대응 건수

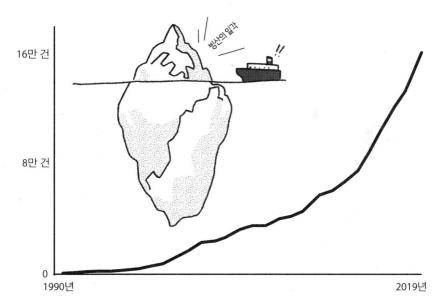

　아마 뉴스를 보며 부모가 잘못했다고 생각하는 사람도 많을 것이다. 그렇다면 학대가 일어나는 이유는 무엇일까? 여기에는 크게 세 가지의 원인이 있다. 첫째, 부모에게 문제가 있는 경우다. 부모 역시 어린 시절 학대를 받아 자녀를 올바른 방식으로 키우는 방법을 알지 못하는 것이다. 둘째, 아이에게 병이나 장애가 있어 키우기 힘든 경우다. 셋째, 환경적인 요인이다. 적은 월급을 받고 일하면서 아이를 키워야 하는 한부모 가정에서는 환경에 의한 스트레스가 쉽게 쌓이기 마련이다.[1]

당연한 말이지만 이렇게 원인을 살펴본다고 해서 이들이 일으킨 상황을 지지하거나 옹호한다는 뜻은 아니다. 그보다는 원인을 파악함으로써 해결책을 도출하는 것이 중요하다.

이 세 가지 원인으로 미루어 보았을 때, 과연 학대를 부모만의 문제라고 할 수 있을까? 이처럼 '악인' 중에는 외부 환경의 영향을 받아 '악인'이 된 사람들도 있다. 이들이 처한 환경은 여러 요인이 복잡하게 얽혀 있어서 어느 하나가 해결된다고 모든 문제가 해결되진 않는다. 학대 위험성이 높은 가정을 고립시키지 말자고 한들 19만 건에 달하는 학대 사건을 전부 해결할 수는 없는 것처럼 말이다.

즉 악인이 생겨나는 구조를 모두가 방치하고 있다고도 말할 수 있다.

2

어쩌다 입사한
회사에서 상사 때문에
인생이 망가졌다

　사람들은 대부분 학대가 자신과는 무관한 일이라고 생각한다. 학대 가정에서 태어나 학대의 피해자가 되거나, 학대하는 가해자를 배우자로 맞이하지 않는 이상, 학대에 노출될 일이 없기 때문이다.

　그렇다면 사람들이 주로 경험하는 학대는 무엇일까? 학교나 회사의 왕따 가해자나, 부하 직원을 괴롭히는 상사를 그 예로 들 수 있다.

　초등학교부터 고등학교까지 2018년도 왕따 인지 건수는 54만 건에 이른다.[2] 전체 학생 수가 약 1,300만 명이니 1건당 1명으로 따졌을 때, 이는 24명 중 1명이 왕따나 괴롭힘을 당한다는 것이다. 지역에 따른 차이를 감안해도 24명은 한 반의 평균 인원에 가까우므로 결국 한 반에 1명꼴로 왕따가 존재한다는 계산이 나온다. 즉 자기 자신은 물론 자신의 자녀가 피해자나 가해자가 될 수도 있다는 뜻이다.

직장 내 괴롭힘의 경우, 일본 광역자치단체의 노동국 등이 운영하는 종합 노동 상담 코너에 2019년 접수된 상담 건수만 해도 한 해에 약 8만 건에 이른다.[3]

하지만 피해자라고 해서 누구나 상담 센터를 이용하는 것은 아니다. 인재 채용 및 활동 지원 기업인 '엔재팬(en Japan)'에서 자신들의 사이트를 이용 중인 35세 이상 회원을 대상으로, 2019년 2월에 실시한 '직장 내 괴롭힘에 관한 설문 조사'[4] 가 이를 뒷받침한다.

조사에 따르면 중견 사원의 80%가 직장 내 괴롭힘을 당한 경험이 있고, 3명 중 1명꼴로 퇴직했다. 다만 이들이 겪은 괴롭힘에는 직장 내 괴롭힘 말고도 성희롱과 모성권 침해 등 50종류가 포함되었다.

　최근 대두되고 있는 학대나 왕따, 괴롭힘 등은 그동안 문제 삼지 않았을 뿐, 이전부터 '엄한 아버지', '골목 대장' 같은 단어로 표현돼왔다.

　어쩌면 새로운 악인이 늘어나고 있다기보다는, 원래부터 존재했던 악인을 쉽게 발견하게 된 건지도 모르겠다.

3

'방화, 난폭 운전,
자살 폭탄 테러…'
사회문제는
사라지지 않는다

　프롤로그에서는 가정이나 학교, 직장과 같이 생활과 밀접하게 관련된 악인을 소개했지만, 악인의 유형은 그 외에도 다양하다.

　대표적으로 살인이나 강도, 방화, 강간 등을 저지르는 '흉악범'이 있다. 이들은 제2차 세계대전 이후에는 약 1만 8천 명가량 검거되었으나, 최근에는 그 수가 4천 명까지 감소했다. 또 형법범 역시 2002년 기준 약 280만 건에서 16년 연속 감소 추세를 보이고 있다. 교도소에 수감된 수감자도 소매치기 등으로 잡혀 온 지적장애인 및 고령자가 20% 이상이고, 살인범은 1%에 불과하다.[5]

　반면 2009년부터 2017년까지는 보이스 피싱, 송금 사기와 같은 특수 사기가 유행했고, 2003년경부터는 인터넷 피싱 사이트 등의 사이버 범죄가 꾸준히 증가하고 있다.[6] 이처럼 **악인은 시대의 흐름에 맞춰 범죄 수법을 계속 바꿔나가고 있다.**

　한편 언론에 난폭 운전, 방화, 소년 범죄, 고령 운전자 교통사고, 헬리콥터 부모, 블랙 컨슈머, 사이버 명예훼손 등이 자주 보도되고 있는데, 해외까지 범위를 넓히면 '테러 범죄'도 보도에 포함되고 있다. 이렇듯 보도되는 사건이 많아진 탓인지 전체적인 범죄 건수는 줄었는데도, 60% 이상의 사람들이 치안이 나빠졌다고 인식하고 있다.[7]

　이러한 사건에서 보이는 공격적인 사람들과는 별개로, 가치관이 맞지 않거나 매너 없는 사람을 '악인'으로 취급하기도 한다. 예컨대 자신과 반대 성향을 가진 정치인이나 경영인, 공감대 형성이 어려운 성 소수자, 표현의 자유를 내세우고 활동하는 예술가, 이해하기 힘든 행동을 보이는 고령자나 장애인, 말이 통하지 않는 외국인 등이 여기에 해당한다. 최근에는 코로나바이러스 감염증(COVID-19) 확산에 무관심한 사람들까지 악인으로 여겨지고 있다.

4

부유층에게도 언제 비행기가 날아들지 모른다

　악인의 공격으로부터 자신을 지키려면 어떻게 해야 할까? 또는 악인과 얽히지 않으려면 어떻게 해야 할까?

　악인의 공격이 단순한 폭력이라면 신체를 단련하거나 경호원을 채용하면 된다. 치안이 잘 되어 있는 동네에 사는 것도 하나의 방법이 될 수 있고, 친구나 연인을 사귈 때 악인과는 거리가 멀어 보이는 사람을 고르는 것도 방법이 될 수 있다. 물론 이런 생활을 하기 위해서는 어느 정도 돈이 필요하다. 실제로 학비가 비싼 사립 학교보다 저렴한 공립 학교에 왕따가 더 많다고 하니,※8 자녀를 왕따로 만들지 않으려면 사립 학교에 보내는 편이 나을 수도 있다. 또 실업은 범죄로 이어질 가능

성이 높은 데다,[9] 통계를 보면 자살로까지 이어질 수 있다는 사실을 알 수 있다.[10] 직장이 없어 돈을 벌 수 없으니 자포자기하는 심정으로 범죄를 저지르거나 스스로 목숨을 끊어 버리는 것이다.

부유층이 빈곤층보다 악인의 위협으로부터 자유로운 것은 사실이나, 부유하다고 해서 **그 위협에서 완전히 벗어날 수 있는 건 아니다.** 사립 학교에서도 충분히 왕따가 생길 수 있고, 청년층보다 많은 자산을 보유한 고령층이 보이스 피싱, 송금 사기 등에 쉽게 노출되기 때문이다.[11] 일상 범죄보다는 발생 확률이 낮지만 2001년에 발생한 '9·11 테러', 2015년 11월에 발생한 '파리 테러' 등의 테러 피

해도 빼놓을 수 없다. 잘 알려지지 않은 분야까지 들어가 보면 거품 경제의 붕괴나 감염증 팬데믹에 따른 경기 불황이 부유층의 자산에 악영향을 주기도 한다. 이런 경우 거품 경제의 붕괴는 거품을 발생시킨 금융 기업을, 감염증은 환경 문제를일으켜 그 감염원인 동물을 서식지에서 내쫓은 선진국 사람들을 악인이라 볼 수있다.

5

100만 명의 피해자를 보아도 우리는 슬프지 않다

10억 명

우리는 악인의 악랄함을 잘 알지 못한다. 이를 설명하기 위해 피해자 수를 나타내는 통계 데이터를 자주 사용하지만, 그 '수'만으로는 **중요성을 인식하기 어렵다.** 당신은 처음에 소개한 학대, 왕따, 직장 내 괴롭힘의 피해자 수를 보고 마음이 아팠는가? 심지어 이건 어디까지나 일본에 한정된 '숫자'이다: 전 세계로 확대해 보면 2명 중 1명에 해당하는, 자그마치 10억 명의 아이들이 폭력적 행위에 노출되어 있다고 세계 보건 기구(WHO)는 밝혔다.[12] 이렇게나 많은 피해자가 발생했는데도 사람들은 어째서 이 문제를 해결하지 않을까?

'기부'를 예시로 들어보자. 그러면 재미있는 사실을 알 수 있다. 2005년 미국을 강타한 허리케인 카트리나와 2001년에 발생한 9·11 테러에 기부된 재화는, 이보다 많은 사망자가 발생하고 있는 에이즈나 말라리아에 기부되는 재화보다 많다.[13] 즉 이는 더 많은 피해자가 발생한다고 해서 더 큰 문제의식이 생겨나지 않는다는 것을 알려준다.

　기부 모금 방식에 관한 실험도 있었다. 아프리카 말리에 사는 가난한 7세 소녀 '로키아'의 사진을 피실험자들에게 보여준 뒤, 한쪽에서는 로키아의 개인적인 이야기를, 다른 한쪽에서는 말리의 빈곤층이나 통계 데이터에 관한 이야기를 들려주고 기부금을 모았다. 결과적으로 전자의 모금액이 후자의 모금액보다 두 배나 많았다. 이와 같은 연구를 '행동 경제학(behavioral economics)'이라고 하는데, **이 연구를 통해 인간의 비이성적인 면모가 드러난 것이다.**

6

범죄에 휘말리고
싶지 않다면
먼저 범죄자를 파악하자

엄벌에 처하면
악인이 줄어들까?

우리는 악인과 피해자가 있을 때 피해자에게는 상냥하고 악인에게는 강하게 비난을 쏟기 마련이다. 하지만 사극 드라마처럼 악인을 무조건 부정하고, 엄벌이나 사형에 처한다고 해서 악인이 사라질까? 앞서 학대 사건이 '매일같이 대중 매체에 보도된다'라고 이야기했다. 이처럼 악인은 사라지기는커녕 오히려 그 수가 늘어나는 경우도 있다. 이는 실상 우리가 악행을 막을 방법을 똑바로 강구하지 않아서 늘어났다고도 볼 수 있다.

그 증거로 먼저 우리의 뇌에서 기분을 좋게 하는 신경전달물질인 '도파민(do-pamine)'을 들 수 있다. 악인을 공격할 때 우리 뇌에서는 도파민이 분비되는데, 우리는 이것을 통해 이른바 '정의 중독'이라는 쾌감에[*14] 사로잡히게 된다. 그렇기에 맹렬한 비난과 엄벌만으로는 이 세상에서 악인을 완전히 사라지게 할 수 없다.

여기에 또 다른 신경전달물질인 '세로토닌(serotonin)'도 영향을 준다. 세로토닌 분비량은 사람에 따라 다른데 그 양이 적으면 쉽게 불안을 느껴, 조금이라도 자신과 다른 행동을 보이는 사람을 혐오하게 되기도 한다.

 우리는 이 두 가지 신경전달물질로 인해 악인이 생겨나는 원인을 분석하고 대책을 마련하는 걸 잊어 버리고 마는 것이다.

 그렇다면 어떻게 분석하고 어떤 대책을 마련해야 할까? 우선 **악인이 생겨나는 직접적인 원인을 파악**해야 한다. 그 원인은 유전학, 뇌과학, 심리학, 범죄학 등에 의해 밝혀지고 있다. 다음으로, **악인의 탄생을 막지 못하는 이유**를 알아야 한다. 학대의 예에서 알 수 있듯 이 문제는 한부모 가정의 빈곤과 같은 개별적인 문제나, 경제 정책과 같은 광범위한 문제가 서로 복잡하게 얽혀 있다.

 죄를 지은 사람에게는 그에 따른 책임과 처벌이 주어져야 마땅하지만, 장기적으로 봤을 때 결국 우리가 싸워야 할 대상은 당장 눈앞에 있는 '악인'이 아니다. 속임수에 속지 말고 '진정한 적'과 싸우자.

7

사이코패스는
범죄자가 되기엔
아까운 사람들이다

안타깝게도 악인 유전자는 부모로부터 물려받는다. 사람의 성격은 타고난 유전 자뿐만 아니라 성장환경에 의해서도 형성된다. 성장환경의 영향을 줄이면 유전자의 영향력을 확인할 수 있는데, 대표적인 방법이 바로 '입양'이다.

1980년대 덴마크에서는 1만 5천 명의 입양아를 대대적으로 조사한 적이 있다. 그 결과 범죄 이력이 있는 친부모를 두고, 범죄 이력이 없는 양부모에게 길러진 입양아의 범죄율은 12%로 나타났으며, 범죄 건수가 많은 친부모를 둔 입양아의 범죄율 또한 30%까지 오른 것을 확인할 수 있었다.[15]

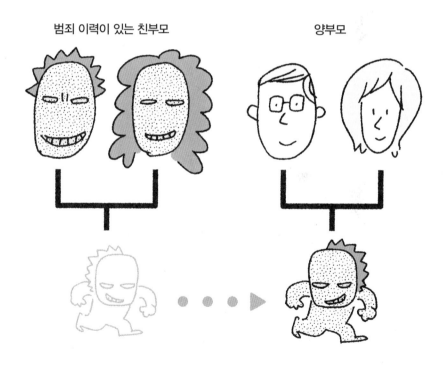

범죄 이력이 있는 친부모 　　　　　　 양부모

모노아민 산화 효소 A(MAOA)

도파민이나 세로토닌 등의 신경전달물질

자녀는 부모로부터 어떤 성질을 물려받아 쉽게 악인이 되는 것일까?

우선 뇌 속의 신경전달물질이 가진 차이에 주목할 필요가 있다. 사람의 성격은 도파민, 세로토닌 등의 신경전달물질을 분해하고 전체적인 양을 조절하는 '모노아민 산화 효소 A(monoamine oxidase A, MAOA)'의 양에 따라 크게 달라지는데, MAOA의 활동이 저조할수록 공격성을 나타내거나 반사회적인 모습을 보인다.[16]

뇌 구조 자체가 다를 수도 있다. 예컨대 안와전두피질(orbitofrontal cortex, ORC)과 내측 전전두피질(medial prefrontal cortex, mPFC)은 감정을 환기하고 사고를 제어하는 기능을 하는데, 이 기능이 낮으면 공감 능력이 떨어져 상대방의 감정과 불편함의 정도를 인지하지 못하게 된다.[17]

이밖에 기후 대학의 '오이 가즈타카' 준교수는 신경 장애 발생에 유전적 영향이 크다는 사실을 밝혀냈다.[18] 또 2018년에 발행된 범죄 백서에서는 10만 명당 살인·방화의 검거 수를 확인한 결과, 일반인보다 정신 질환자의 비율이 높았다.[19]

그럼에도 유전적으로 '악인'의 성질을 물려받았다고 해서, 모두 범죄자가 되는 것은 아니다. **경험의 영향력을 무시할 수 없기 때문이다.** 사이코패스라고 불리는 사람들이 경영인이 되어 어려운 사람을 돕기 위한 상품을 내놓거나, 외과의사가 되어 환자의 목숨을 구하는 등 이들도 성장환경에 따라 정의의 사도가 될 수 있다.

8

사랑받지 못한
아이들은
악인이 된다

　사람이 태어나 겪는 수많은 경험은 유전과 마찬가지로 그 사람의 성격에 지대한 영향을 미치는데, 특히 어린 시절에 겪은 '나쁜 경험'은 어른이 된 뒤로도 끊임없이 우리 삶을 괴롭힌다. 부모로 인해 겪는 나쁜 경험도 그중에 하나로, 아이가 애정을 느끼지 못하는 양육 방식을 가리켜 '**아동 학대(maltreatment)**'라 부른다. 부부싸움을 목격하는 일, 다른 아이와 비교당하는 일, 집에 장시간 홀로 남겨지는 일 역시 아동 학대에 해당한다.

　아동 학대의 큰 문제점은 학대받은 아이의 뇌에 변형을 일으킨다는 것에 있다. 학대받은 아이는 전측 대상회 피질(anterior cingulated cortex, ACC)이 위축돼 공감 능력이 떨어지거나, 청각 영역이 비대해져 정상적인 의사소통을 할 수 없게 되는데, 이러한 증상을 '애착 장애'라고 한다. 이로 인해 공감 능력을 상실한 아이

는 유전자에는 문제가 없지만, 끝내 나쁜 짓을 하게 되고, 이것이 부모의 엄한 훈육으로 이어져 아이의 뇌는 또다시 변형되고 만다.[20]

뇌의 변형으로 장애가 발생하면, 왕따를 당하거나 외부로부터 들어오는 정보를 올바르게 받아들이지 못하는 '**인지적 왜곡**(cognitive distortion)'이 발생할 수 있다. 아동 학대 피해자 모두가 악인이 되는 것은 아니지만, 학대받은 아이는 어긋날 확률이 높아지고,[21] 타인을 공격하는 것에 희열을 느끼기도 하며,[22] 작은 자극에는 만족하지 못해 알코올이나 약물 등에 쉽게 의존한다고 알려져 있다.[20]

의존하는 대상에는 성범죄도 포함되는데, 범죄 백서에 따르면 재범 중 성범죄(형법범과 조례 위반 포함)가 차지하는 비율은 70%에 달한다.[23] 이로 인해 최근에는 성범죄 재범 방지를 위한 치료가 주목을 받고 있다고 한다.

　'악인을 만드는 경험'은 비단 부모가 저지르는 학대에 국한된 일이 아니다. 예를 들어 술을 마시거나 잠이 부족하면 전두엽의 기능이 저하된다. 전두엽은 자신의 행동이 주변에 어떤 영향을 미치는지 예측하는 이성적인 부분으로, 제 역할을 하지 못하면 판단력이 흐려지거나 부정적인 감정에 휩싸이게 된다. 또 식생활 역시 중요한 원인이다. 흔히 장을 가리켜 '제2의 뇌'라고 부르는데, 장내 세균 여하에 따라 정신적으로 불안정해져 부정적인 감정을 가질 수 있기 때문이다.

9

괴롭힘이
용서받지 못하는
이유는 무엇일까?

　유전적 요인이 있거나 학대를 경험했다 하더라도 그들 모두가 악인이 되는 건 아니다. 예컨대 사이코패스 성향은 범죄와는 거리가 먼 경영인이나 외과 의사 중에도 나타날 정도로 하나의 기질에 불과하다.[24] 그럼 이들과 악인의 차이는 무엇일까? 이제부터 소개할 **악인이 되는 가치관**을 통해 알아보자.

　가치관은 개인, 국가, 시대상 등에 따라 크게 달라, 모든 가치관이 허용된다고 보긴 어렵다. 실제로 많은 사람이 가치관의 차이를 깨닫지 못해 악인이 되기도 한다. 직장 내 성희롱을 그 예로 들 수 있는데, 이전에는 여성 직원의 이름을 낮잡아 불러도 여성(당사자)이 참고 넘기기도 했지만, 지금은 그래선 안 된다.

　한편 범죄 대상과 자신의 가치관이 다르다는 걸 알고 있으면서 이를 숨기는 사람도 있다. 일본의 과학 경찰 연구소에 따르면 성범죄 가해자는 '성적 충동을 참지 못해 덤벼드는 것'이 아니라, 일반인처럼 행동하면서 혼자 걷고 있거나 얌전해 보이는 사람, 혹은 경찰에 신고할 것 같지 않은 사람을 골라 범죄 대상으로 삼을 만큼 계획적으로 범행을 저지른다고 한다.[25]

이외에 가치관의 차이를 깨닫고 자신들의 가치관을 인정받고자 폭력적인 수단을 이용하는 사람들도 있다. 테러리스트나 과격파라 불리는 사람들이 여기에 해당하는데, 유대교나 기독교, 이슬람교의 종교 분쟁이 대표적인 사례다. 11세기에는 십자군이 이슬람교 신자들을 학살했고, 2001년에는 미국에서, 2015년에는 프랑스에서 이슬람 과격파 단체들이 연쇄적으로 테러를 일으켰다. 어느 한쪽 세력이 커지면 다른 한쪽에는 테러리스트가 자연스레 생겨나기 마련이다. **가치관의 차이와 그로 인해 발생하는 차별적·폭력적 언행이 악인을 만들어 낸다.**

10

학살은
사무 업무처럼
손쉽게 이루어진다

　유전적 요인이나 좋지 않은 경험, 그릇된 가치관이 없어도 악인이 될 수 있다. 악의조차 가지고 있지 않은 이들의 존재는, 제2차 세계대전 중 히틀러의 유대인 학살에 가담한 '아돌프 아이히만(Otto Adolf Eichmann)'에 의해 세상에 알려졌다. 아이히만이 주장한 "나의 죄는 순종한 것이다"라는 말처럼, 그는 그저 상사의 명령에 따랐을 뿐이다.

　이 사건은 '밀그램 실험(Milgram experiment)'의 탄생 계기가 되었다. 실험은 1 명의 선생님과 2명의 학생으로 역할을 나누고, 학생 ①이 낸 문제를 학생 ②가 틀 릴 때마다, 학생 ①이 학생 ②에게 흘려보내는 전류의 강도를 선생님의 명령에 따 라 점점 올리는 식으로 진행되었다. 실제로 학생 ②에게 전류가 흐르는 건 아니지 만, 학생 ①에게는 전류가 흐르는 듯한 영상과 음성을 제공했다. 명령에 따라 어느 정도까지 전류의 강도를 높일 수 있는지 확인하는 이 실험에서, 전체의 약 60% 이 상의 학생이 상당히 위험한 수준까지 전류의 강도를 높였다.

이처럼 **주변 환경이 그 사람을 악인으로 만드는 경우**는 또 있다. 대개 사이버 명예 훼손은 '익명'이라는 특징을 가지는데, 밀그램 실험과 비슷한 실험을 했던 심리학자 '필립 짐바도르(Philip George Zimbardo)'는 익명성이 공격성을 키운다는 사실을 발

견했다. 그리고 일본 시가현 오쓰 시에서 대규모로 실시한 왕따 실태 조사에 따르면 수업이나 가족 간의 일로 스트레스를 느낀 아이가 다른 아이를 따돌림으로써 그 스트레스를 해소한다고 밝혀졌다.[26] 이밖에 도박 시설은 사업이라는 명분 아래 건물 주변부터 실내

음악이나 냄새, 슬롯에 쉽게 돈을 투입하게 만드는 방법까지 치밀하게 계산돼 있고,[27] 스마트폰 게임도 이와 유사하게 제작된다고 한다.

즉 이런 상황이 의존증을 유발하는 것이다. 의존증은 뇌 속의 신경전달물질과 관련이 있어서, 그 기능이 떨어지는 사람은 쉽게 중독돼 버린다.

Chapter **2**

악인이
만들어지는
구조가 존재한다

1

학교가 비행 청소년을 양산하는 이유는 무엇일까?

악순환

악인으로 인해 피해자가 생기고, 그 피해자 중 일부는 악인이 된다. 어떻게 해야 이 **악순환**을 끊을 수 있을까? 학대를 예로 들어보자. 피해 아동은 누구에게 도움을 청해야 할까? 아이 주변에 학교 친구들이나 이웃집 아저씨와 같은 사람들이 있을 수 있지만, 이들은 정말 친하지 않다면 선뜻 도움의 손길을 내밀기 어렵다. 그럼 아이가 가장 자주 만나는 사람은 누굴까? 바로 사회 제도 안에서 의무 교육을 책임지고 있는 학교 선생님이다.

그러나 대부분의 학교 선생님은 이러한 아이들을 돌볼 시간적인 여유가 없다. 경제협력개발기구(OECD)가 전 세계 초중고등학교에 근무하는 선생님을 대상으로 조사한 내용에 따르면, 일본의 초등학교 선생님은 1주일에 평균 54시간을, 중학교 선생님은 이보다 조금 많은 56시간을 근무한다.[1] 이 정도면 정부가 정한 과로 기준인 주 60시간에 근접한 수준이다. 이런 상황이라면 온라인 수업이 제대로 이루어지고 있는지도 의문이다.

초중고등학교 교사 · 의사 · 사기업 근로자의 1주일 근로 시간 비교

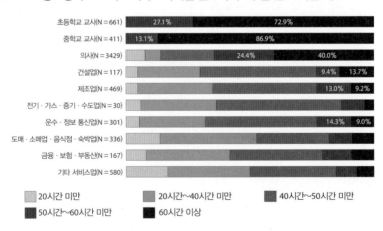

- 초등학교 교사(N = 661): 27.1% / 72.9%
- 중학교 교사(N = 411): 13.1% / 86.9%
- 의사(N = 3429): 24.4% / 40.0%
- 건설업(N = 117): 9.4% / 13.7%
- 제조업(N = 469): 13.0% / 9.2%
- 전기 · 가스 · 증기 · 수도업(N = 30)
- 운수 · 정보 통신업(N = 301): 14.3% / 9.0%
- 도매 · 소매업 · 음식점 · 숙박업(N = 336)
- 금융 · 보험 · 부동산(N = 167)
- 기타 서비스업(N = 580)

- 20시간 미만
- 20시간~40시간 미만
- 40시간~50시간 미만
- 50시간~60시간 미만
- 60시간 이상

아동 **19** 명
―――――――
직원 **1** 명

학교 선생님이 어렵다면 아동 상담소 직원은 어떨까? 앞서 학대 상담 건수가 19만 건이라고 소개했는데, 일본 전국의 아동 상담소 직원 수가 약 1만 명임을 감안하면, 전 직원이 참가한다 하더라도 1인당 19명의 아이를 돌봐야 한다.[2] 아동 상담소 직원의 근무 시간 역시 지자체에 따라 과로 기준을 넘기도 한다.[3]

학교 선생님이나 아동 상담소 직원은 교육현장을 관리하는 역할을 함으로, 이 책에서는 이러한 사람들을 '관리자'라고 부른다. 마찬가지로 기업이라면 경영인, 정치라면 정치인이 관리자로서 문제를 해결하고 있는 셈인데, 여기에는 **여러 가지 한계가 있어 악인이 생겨나는 것을 막지 못하고 있다.** 이것이 바로 악순환이 끊이지 않는 이유다.

2

'공부 부족,
무관심, 외면…'
우리 모두가 공범이다

학교 선생님과 아동 상담소 직원의 업무량은 누가 정할까? 또 정치인과 경영인은 누가 뽑을까? 바로 국민인 **우리**다.

실감하기 어렵겠지만, 정치인을 떠올려보면 조금은 이해가 될 것이다. 우리는 투표할 권리를 가진 유권자로서 한 표를 행사해 더 낫다고 생각되는 정치인을 고른다. 결과적으로 그 정치인이 만든 법률이 학교 선생님의 업무량을 결정짓는 것이다. 또 대개 우리가 소비자로서 어떤 기업의 상품과 서비스를 구매할지, 근로자

로서 어떤 기업에 근무할지 선택하는 것은 그 기업이 성장하기를 바라는 마음에서 비롯된다. 투자자 또한 같은 이유로 상장 기업을 골라 투자하고 있다.

국가마다 외국 기업과 관련된 규제를 제정하는 방식이 다르긴 하지만, 그 규제를 만드는 정치인 역시 우리가 선택한다. 정치인의 정책에 반대한다면 그 지지자를 설득하거나 직접 출마해야 하고, 특정 상품·서비스에 반대한다면 다른 상품·서비스를 소비하거나 직접 만들어야 한다.

다시 말해 현대 사회에서는 **우리가 어떻게 하느냐에 따라 악인의 등장 여부가 결정된다.** 즉 악인이 늘어나는 진짜 원인은 우리에게 있는 것이다.

　사회심리학에는 '방관자 효과(bystander effect)'라는 것이 있다. 이는 심리학자인 '빕 라테인(Bibb Latene)'과 '존 달리(John Darley)'가 미국에서 발생한 어떤 사건을 계기로 실험을 통해 발견한 인간 심리다. 실험 결과에 따르면 한 교실에 왕따를 당하는 학생이 있을 때, 이를 지켜보고 있는 사람이 많을수록 도와주려는 사람은 줄고, 나머지 사람들은 철저하게 '방관자'로 행동하는 양상을 보였다. 학대 상담 건수가 19만 건, 18세 이상의 성인이 약 1억 명이니, 방관자가 되기 쉬운 사회 환경이 아닐 수 없다.

　'방관자 효과' 외에도 악인이 발생하는 원인에는 몇 가지가 더 있는데, 이러한 원인도 뇌과학이나 심리학 연구를 통해 증명되었다. 우리가 흔히 엘리트라 부르는 이들에게도 해당되는 내용이라, 이들을 예시로 인간이 얼마나 비이성적인지 알려볼까 한다.

3

범죄자에게도
슬픈 과거가 있다

괴롭고 힘든 상황에 놓인 사람들이 많은데도, 왜 우리 사회에는 이를 해결하려는 사람이 없을까? 애초에 대부분의 사람들이 올바른 도덕·윤리를 갖추고 있는지 의문이 든다. 그렇기에 우리는 도덕·윤리가 타고나는 것인지, 아니면 교육을 통해 학습되는 것인지 알 필요가 있다. 보편적으로 지역과 시대를 떠나 **'황금률(golden rule)'**이라는 가치가 존재한다. 이는 '남이 하지 않았으면 하는 일을 나 또한 남에게 해서는 안 된다'(남에게 바라는 대로 남에게 해 주어라)라는 것으로, 기독교와 불교, 유교, 유대교, 힌두교, 그리고 이슬람교의 공통된 주장이기도 하다.

'남이 하지 않았으면 하는 일을 나 또한 남에게 해서는 안 된다'
'남에게 바라는 대로 남에게 해 주어라'

　그렇다면 이 황금률은 과연 어디서 온 것일까? 1996년 이탈리아의 뇌과학자인 '자코모 리조라티(Giacomo Rizzolatti)'가 발견한 '거울 신경세포(Mirror neuron)'에서 그 유래를 찾을 수 있다. 거울 신경세포는 다른 사람이 하는 말과 행동의 의미를 '거울'에 비추듯 자신에게 비추어보고 이해하는 세포를 말한다. 이 신경세포 덕분에 상대의 입장에서 상대의 기분을 가늠할 수 있게 되어 모두에게 통용되는 도덕이 생겨난 것이다.

반면 이러한 신경세포의 능력 때문에 문제가 발생하기도 한다. '거울 신경세포' 자체에 문제가 있는 경우 공감 능력이 떨어져, 다른 문화나 외모를 가진 상대방에게 자신을 대입하지 못해 공감하지 못하는 상태에 이르게 된다. 더욱이 경우에 따라서는 지나치게 정의감에 불타는 사람에게 공감해 '지원 사격'을 하는가 하면, 공감한다는 투로 말하는 악인에게 속아 넘어가기도 한다. **도덕·윤리를 갖추는 것과 적절하게 분별하는 것은 또 다른 문제인 것이다.**

4

엘리트가
침팬지만도 못한
선택을 할 때도 있다

　어떤 문제에 대책을 마련하기 위해서는 우선 문제를 올바르게 인식해야 한다. 그렇다면 그러한 인식에 도움이 될 만한 지식을 가장 많이 지닌 사람은 누구일까? 바로 명문대학을 졸업하고 공무원이나 국제기구, 연구소 등에서 일하는 흔히 '엘리트'라 불리는 사람들이다. '한스 로슬링(Hans Rosling)'의 저서 『팩트풀니스』에서는 **엘리트들이 사람들의 생각보다 사리 분별을 제대로 하지 못하고, 그들이 믿고 싶은 대로 믿는** 상황을 소개하고 있다. 이 책에서는 세 가지 선택지가 있는 동일한 문제를 냈을 때, 답을 무작위로 고른 침팬지의 정답률은 33%였지만, 엘리트의 정답률은 33%보다 낮았다는 내용이 담겨 있다.

**엘리트조차
무심코 가지게 되는
10가지 '선입견'**

또 한 의과 대학에 현재 세계의 평균 수명은 몇 년이냐고 질문하자 구성원 중 18%만이 정답을 맞혔다고 한다. 이러한 일이 일어나는 이유는 무엇일까? 이 책에서는 '엘리트조차 무심코 가지게 되는 10가지 선입견'을 소개한다. 예컨대 문제를 풀 때 '세계는 점점 나빠지고 있다는 선입견'으로 인해 부정적인 답을 고른다거나, 평소 뉴스를 보며 느낀 인상을 토대로 '위험하지 않은 일을 위험하다고 생각하는 선입견'으로 인해 자연재해로 죽은 사람들이 사실보다 많다고 답한다.

**엘리트나 고령자들이
항상 올바른 선택을
한다고 볼 수는 없다**

이른바 엘리트라고 불리는 사람들조차 이런 상황에 놓이게 되는 이유는 그들 역시 그들이 가진 '상식'과 '일반성'에 얽매이기 때문이다. 즉 바꿔 말하면 이는 '편견' 때문이다.

한편 엘리트처럼 지식이 풍부한 고령자의 말이라면 무조건 옳다고 여기는 사람도 있다. 그러나 고령자의 사고방식은 살면서 쌓아온 지혜나 지식보다 뇌의 노화에 더 많은 영향을 받는다. 뇌의 노화란 전두엽의 배외측 전전두피질(dorsolateral prefrontal cortex, DLPFC)의 기능이 저하되는 것을 의미하는데, 뇌가 노화하면 보수적인 사고방식을 가지기 쉬워진다.[4]

5

흑인이 경찰에게 총을 맞아야 하는 이유는 무엇일까?

　당신은 경찰을 존경하는가? 경찰은 일반인보다 훌륭한 사람들일까? 사실 경찰
이라 하더라도 일반인과 같은 잘못을 저지르곤 한다.

　미국은 통계적으로 흑인의 범죄율이 백인보다 높다.[※5] 그렇다고 해서 모든 흑인
이 범죄를 저지르진 않는다. 또 피부색이 달라 범죄를 저지르는 것도 아니다. 그럼
에도 이따금 백인 경찰은 흑인을 과잉 진압하곤 한다.

　미국의 인구는 백인이 흑인보다 압도적으로 많지만, 정작 경찰의 과잉 진압으로
인한 사망률은 흑인이 백인보다 2배는 높다.[※6] 이것이 소위 말하는 '인종차별'이
다. 차별에는 인종 외에도 성별, 문화 등 다양한 종류의 차별이 존재한다.

그렇다면 어째서 이렇게 차별이 일어나는 걸까? 최근 심리학 연구를 통해 그 원인이 밝혀졌다.

사람은 비슷한 사람들과 사귄다(유사성의 법칙, the law of similarity). 동료 집단의 개성은 인정하지만, 동료가 아닌 집단의 개성은 인정하지 못해 쉽게 박해한다(내집단 편향, in-group bias). 경우에 따라 동료가 아닌 집단이 무언가 나쁜 일을 하면 그럴 줄 알았다는 식으로 기존의 부정적인 평가를 더욱 굳힌다(사후 확신 편향, hindsight bias). 평가받는 집단도 이를 의식할 수밖에 없어 제한적으로 행동하게 된다(고정관념 위협, stereotype threat). 결국 평가하는 집단과 평가받는 집단 모두 자신의 신념에 맞는 정보만 취사선택하면서 차별 의식이 더욱 확고해진다(확증 편향, confirmation bias). 나는 이러한 일련의 심리 작용을 가리켜 **'차별 편향'**이라 부르고 있다.

　경찰마저 진짜 악인을 가려낼 수 없다면 과연 누가 할 수 있을까? 이를 위해 판
사, 검사, 변호사 등이 참여하는 재판이라는 시스템이 존재하지만, 이들 역시 같은
인간이기에 위에서 언급한 인지 편향에서 벗어날 수는 없다. 더구나 재판 이전에
용의자가 경찰에 의해 사살되었다면 '죽은 자는 말이 없으니' 증언을 들을 수조차
없다. 이렇듯 때론 나쁜 짓을 해서가 아니라, **나쁜 이미지만으로도 악인으로 취급**
받을 수 있다.

6

절대적
악인은 없다

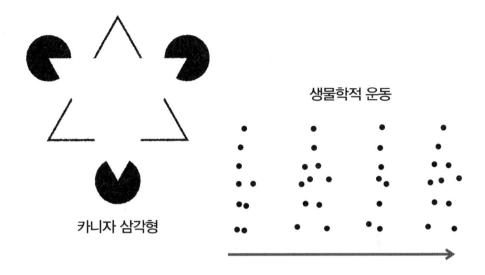

생물학적 운동

카니자 삼각형

캠릿브지 대학의 연결구과에 따르면, 한 단어 안에서 글자가 어떤 순서로 배되열어 있지는 중하요지 않고, 첫 번째와 마지막 글자가 올바른 위치에 있는 것이 중하요다고 한다. 나머지 글들자은 완전히 엉진망창의 순서로 되어 있라을지도 당신은 아무 문제 없이 이것을 읽을 수 있다. 왜냐하면 인간의 두뇌는 모든 글자를 하하나나 읽는 것이 아니라 단어 하나를 전체로 인하식

기 때이문다. **캠릿브지 대학의 연결구과**

사람들은 정보를 어떻게 이해하고 어떻게 받아들이는 걸까? 착시를 떠올리면 이해하기 쉽다. '카니자 삼각형(Kanizsa Triangle)'이라는 착시를 예로 들어보자. 객관적으로 보면 3개의 불완전한 원과 삼각형만 있는데, 주관적으로 마치 안쪽에 큰 삼각형이 있는 것처럼 보인다. 이렇듯 객관적으로 보면 이상하지만 주관적으로 보면 그렇지 않은 또 다른 예시도 있다. 위의 '**캠릿브지 대학의 연결구과**(Typogy-cemia)' 문장이 그렇다. 정독하면 읽어지지 않지만 통독하면 읽어진다. '생물학적

사람은 '주관적'으로 판단한다

운동(Biological Motion, BM)' 역시 많은 점이 찍혀 있을 뿐이지만, 마치 사람이 걷고 있는 듯한 착시 현상을 일으킨다.

이처럼 사람의 뇌는 쉽게 속는다. 그러나 이것이 세상을 이해하는 진리이기도 하다. 사람은 전체 정보와 부분 정보 사이에서 '가정의 정보를 생성'(가설을 세움) 함으로써 주관적으로 세상을 인식한다.[7] 예컨대 의자와 책상의 차이를 대강이라 도 안다면, 앉을 수 있는 대상이 무엇이든 의자라고 인식하는 것처럼 말이다. 이렇 듯 사람이 환경을 인식할 땐 대체로 자신의 상황이나 경험에 비추어 '주관적'으로 판단한다.

악인 역시 '주관적'으로 만들어진다

악인 역시 마찬가지다. 당신이 떠올리는 악인도 주관적으로 만들어졌다. 그 사람이 자라온 환경, 경험을 바탕으로 형성된 가치관이나, 전두엽의 발달 정도, 신경전달물질의 처리 능력으로부터 결정된 인지의 한계에 따라 용서할 수 없는 행위를 하는 인물, '악인'이 만들어진다. 드라마나 애니메이션, 영화 등에 나오듯 **태어날 때부터 순수하게 나쁜 것만 생각하며 나쁜 짓만 일삼는 절대적인 악인은 존재하지 않는다.**

7

악인은
서로 다른 가치관
속에서 태어난다

　지금까지 살펴본 것처럼, 사람은 상대의 입장에서 생각하거나 객관적으로 사물을 바라보는 데 서툴다. 이 때문에 자신의 시각으로만 바라봐 자신의 생각이나 가치관과 맞지 않는 사람을 쉽게 '악인'으로 인식한다. 예컨대 일부 엘리트는 어른이 되어서도 가난에서 벗어나지 못하면 '자기 책임'이라는 편견을 가지고 이러한 이들을 외면한다. 이 책에서는 이와 같은 **'복수의 입장·사상·집단 사이의 대립'**을 **'사회문제'**로 규정한다.

　방금 든 예시를 각각 '선입견을 가진 엘리트' 그룹과 '가난에서 벗어나고 싶어도 그 방법을 모르는 사람' 그룹으로 구분해 설명해보자. '사회문제'는 그 범위가 넓어서 차별과 같은 약자의 문제가 등한시되기도 한다. 만약 한쪽 그룹이 이러한 무관심(어떤 문제를 문제로 생각하지 않음)이 잘못되었다고 인식하지 못하면, 자기편 사람들의 입장만 생각하는 오류를 범하게 된다. 만약 해당 문제가 개인 간의 싸움이라 할지라도 '2명 이상' 모이면 사회문제가 되고 만다.

　일본의 국어사전인 『다이지린(大辞林)』(3차 개정판)에서는 '사회문제'를 '사회의 결함 · 불합리 · 모순으로 생기는 모든 문제 또는 사회에 큰 영향을 미치는 문제'라고 정의한다. 이는 원인(결함 · 불합리 · 모순)부터 결과(생기는 모든 문제)

까지 하나로 묶여 있는 구성이다. 즉 결함·불합리·모순으로 인해 모든 문제가 쉽게 발생하고, 발생한 모든 문제로 인해 사람들이 불행해지게 되는 것이다. 나는 '복수의 입장 대립' 자체가 '사회의 결함·불합리·모순'에 해당한다고 본다. 각자가 내세운 입장이 합리적이고 완벽했다면 애초에 아무런 문제가 발생하지 않았을 것이기 때문이다.

『다이지린』의 정의에 해당하는 문제는 모두 사회문제이기에, 이러한 **문제를 만드는 사람들은 악인으로 분류된다.** 덧붙여 사회문제 해결을 위해 국제 사회(UN)에서는 '지속가능발전목표(SDGs)' 안에, 일본 내각부에서는 NPO의 20개 활동 분야 안에 정리해 두었다.

8

빈곤은
악인이 생겨나는
직접적인 원인이 아니다

　'빈곤'은 사회문제로 자주 거론된다. 이는 생존을 위해 필요한 최소한의 요건도 갖추지 못한 **절대적 빈곤**과 그 지역 대다수의 생활 수준과 비교되는 **상대적 빈곤**으로 구분된다. 절대적 빈곤은 흔히 '빈곤' 하면 떠오르는 개발도상국의 가난한 아이의 모습에 해당한다. 반면 상대적 빈곤은 대체로 선진국에서 발생한다. 2015년 일본에서는 어린이 7명 중 1명이 상대적 빈곤에 빠져 있다는 사실이 밝혀졌다.[8]

인지 기능 문제

　빈곤은 연쇄적이라는 특징을 지닌다. 학비를 내지 못할 정도로 가난한 집안의 아이들은 학원은커녕 진학조차 어려운데, 이렇게 저학력으로 성장한 아이들 대다수가 저임금 비정규직으로 일하게 된다. 이 상태에서 가정을 꾸리면 또다시 교육비를 마련하지 못하는 악순환이 되풀이된다.[9]

　그렇기에 빈곤으로부터 다양한 문제가 파생된다고 생각하기 쉽다. 그러나 가난한 어린 시절을 보냈다 하더라도 훌륭하게 성장한 사람들도 있어서, 빈곤을 문제를 낳는 직접적인 원인이라고 보기는 어렵다. 여차하면 생활 보장 제도, 장학금 제도를 이용하는 방법도 있기 때문이다. 그렇다면 사회문제나 악인을 발생시키는 직접적인 원인은 무엇일까?

Chapter 1에서 언급한 것처럼 유전적 요인이나 뇌 기능의 차이, 서로 다른 가치관, 직장·학교와 같은 환경의 차이가 바로 그 원인이다. 만약 가난한 집안의 아이가 학비를 면제받아 진학한다 하더라도, 아이의 인지 능력 자체에 문제가 있다면 아무리 국어와 산수를 가르친들 제대로 익힐 수 없다. 또 학대 등으로 인해 남성 우월주의같이 이성에 대한 삐뚤어진 가치관이 형성된 경우, 훗날 성희롱이나 성추행 등 심각한 성범죄로도 이어질 수 있다.

악인을 발생시키는 원인을 제대로 분석하지 못하면 잘못된 대책으로 이어지기에 신중해야 한다. 직접적인 원인은 무엇이고, 그 직접적인 원인을 촉진하는 간접적인 원인은 무엇인지, 엉켜있는 실타래를 풀기 위해 전체적인 양상을 자세히 들여다볼 필요가 있다.

9

왕따가 발생하는 원인은 10개도 넘게 말할 수 있다

　다음으로 악인 발생의 직접적인 원인을 촉진하는 **간접적인 원인**을 소개한다. 앞서 빈곤을 직접적인 원인으로 보긴 어렵다고 했지만, 간접적인 원인이 될 수는 있으므로 무시해선 안 된다. 예컨대 아동 학대는 아이의 뇌를 변형시키는 요인으로 작용한다. 아동 학대의 범주에는 아이를 집에 혼자 두는 것 역시 포함되지만, 경제적 여유가 없어 일해야만 하는 한부모 가정의 경우 맡길 곳이 마땅치 않아 아이를 집에 혼자 둘 수밖에 없다. 이처럼 빈곤은 아동 학대가 발생하기 쉬운 상황을 만드는 데 일조하고 있다.

한편 학교에서 발생하는 왕따 문제는 가해자의 탓으로만 판단하기 쉽다. 물론 가해자의 스트레스 때문에 따돌림이 발생한다는 조사 결과도 있는 만큼,[10] 왕따가 발생하는 직접적인 원인은 가해자에게 있다. 그러나 피해자 역시 따돌림당하기 쉬운 요인을 가지고 있는데, 이는 간접적인 원인으로 작용한다.[11] 오해를 살까 말하지만, 당연히 피해자에게는 잘못이 없다.

왕따 실태 조사에서 밝혀진 따돌림의 간접적인 원인으로는 말더듬 증상, LG-BTQ(성 소수자), 부모로부터의 학대 경험, 발달 장애, 외국인, 적은 친구, 주변 사람에게 잘 맞춰주지 못함, 침착하지 못함, 얌전함, 잦은 장난 등이 있다.[11]

사실을 바라보는 객관적인 시각

또 왕따 가해자나 피해자 외에 따돌림을 일으키는 간접적인 원인도 있다. 연대 책임을 강조하는 학급 규칙이나,[12] 특정 도덕관의 강요 등이 여기에 해당한다.[13]

직접적인 원인도 힘들지만, 개인의 개성이나 천성 등 간접적인 원인을 제거하는 것 역시 어려운 일이다. 하지만 오히려 그렇기 때문에 우리는 한시라도 빨리 현재의 상황을 파악하고 적절한 대책을 마련해야 한다. 현실을 외면하면 올바른 해결책이 나올 수 없다.

10

농촌의 흉작은
도시의 악인 증가로
이어진다

마지막으로 신흥국 중 하나인 인도의 농업 흉작과 도시 범죄의 관계성에 대해
알아보자. 이를 통해 **간접적인 원인을 낳는 더 간접적인 원인**을 소개하고자 한다.
최근 인도는 기상 이변으로 극심한 가뭄이 발생해서 농사지을 땅이 줄어들었다.
이로 인해 수확량이 줄어들어 빚을 갚을 수 없게 되면서, 스스로 목숨을 끊는 농민
까지 발생했다.[14] 남은 농민들은 일자리를 찾아 도시로 떠났다.

인도에선 매년 30~40%의 도시화가 진행 중인데,[15] 도시의 실업률이 약 9%에 달해 위협적인 수준이다.[16] 평균적으로 한 도시의 인구수가 1,000만 명 이상이니, 약 100만 명의 실업자가 있는 셈이다.

그리고 이 실업자들 가운데 아동 학대를 경험한 이들과 같이 직접적인 위험 요소를 안고 있는 이들이 일정한 비율로 범죄를 저지르고 있다. 특히 인도의 수도 델리의 경우 인구수가 1,900만 명으로 추산되는데, 2017년 범죄 인지 건수만 약 20만 건에 달한다.[17] 물론 범죄자 중에는 직업을 가진 이들도 있을 것이다.

만약 이와 같은 기상 이변이 온실가스 때문이라면, 이는 선진국에 살고 있는 우리가 과거에 신흥국을 상대로 벌인 범죄라고도 할 수 있다. 언론에 보도되듯 신흥국에서 일자리를 찾아 일본으로 건너온 많은 사람 중 일부는 범죄를 저지른다. 그러나 실상 이 범죄에는 우리 역시 일정 부분 원인을 제공한 것이다.

이렇게 생각하면 악인이 될 위험 요소는 그 범위가 매우 광범위하다. 직접적인 위험 요소부터 간접의 간접적인 위험 요소까지, 이를 세 가지로 분류하면 다음과 같다.

(1) 기상 이변 등 **자연에 의한 위험 요소**

(2) 건강 관리 등 **자신에 의한 위험 요소**

(3) 범죄 피해 등 **타인에 의한 위험 요소**

이러한 위험 요소가 영향을 주는 방식은 다음의 두 가지로 분류할 수 있다.

(1) 종적 영향 = **피해의 심각도**(흉작으로 그치는지, 자살에까지 이르는지)

(2) 횡적 영향 = **피해의 폭**(피해 대상이 자살·병 등 개인으로 끝나는지, 가족이나 친구까지 전해지는지)

위험 요소를 밝혀내고 각 요소가 서로 어떤 영향을 미치는지 관찰하는 것이야말로, 대책을 세우는 쉬운 길이다.

인도의 수도 델리
인구수 1,900만 명

2017년 범죄 인지 건수
20만 건

Chapter **3**

지난 300년간, 우리는 잘못된 방식으로 악인을 물리쳐 왔다

1

300년 전에 떠올린 이상과 현대 사회는 전혀 다르다

우리 사회는 어떻게 하면 더 나아질 수 있을까? 또 더 나은 사회를 만들려면 개인에게 어떠한 요소가 필요할까?

먼저 도덕·윤리가 필요하다. '사회나 이웃, 다른 사람이 편하게 생활했으면 하는 선의의 마음'이 없으면, 돈이나 권력이 생겼을 때 이를 자기 마음대로 휘둘러 그 사회는 결코 더 나아질 수 없다.

다음으로 질병과 같은 불행의 위험 요소를 줄일 수 있는 일정량의 자원을 확보할 필요가 있다. 흔히 인재나 물자, 돈, 정보를 가리켜 자원이라고 하는데, 이러한 자원이 많을수록 문제를 해결할 수 있는 선택지가 늘어난다. 따라서 가능한 한 효

효율

논리

도덕

율적으로 자원을 늘리는 것이 바람직하다[자본주의(118쪽) 참조]. 예컨대 100원으로 200원을 만드는 것보다 100원으로 1,000원을 만드는 것이 훨씬 효율적이다. 자원을 효율적으로 늘리기 위해서는 그 방법을 공부하거나[교육(110쪽), 언론(130쪽) 참조], 안정적인 확보를 위해 미래를 예측할 필요가 있다. 여기서 자원을 더 효율적으로 늘리고자 한다면, 한 사람보다는 두 사람이 낫다는 걸 알아야 한다. [민족 국가(106쪽, 114쪽) 참조].

다만 두 사람 이상이 모이면 필연적으로 의사소통이 발생하는데, 이러한 의사소통에는 논리성이 중요하다[과학(126쪽) 참조]. 만약 거짓말을 하거나 두서없이 말하면, 무슨 이야기를 하고 싶은지, 무얼 하고 싶은지 알 수 없기 때문이다. 이렇게

데카르트

헤겔

이성을 연구한
철학자들

칸트

논리적으로 의견을 공유하다 보면 새로운 아이디어가 떠오를 수도 있는데, 괜찮은 아이디어라면 다수결 등의 적절한 의사소통을 통해 결정하도록 하자[민주주의(122쪽) 참조].

정리하면 **도덕·윤리**, **효율**, **논리**가 필요하다. 나는 이것들을 아울러 **이성**이라 부른다. 우리 사회에서는 '이성'적인 사람을 '이상'적인 인물상으로 여기는 경향이 있는데, 이는 우리가 자유를 처음 손에 넣은 200년 전부터 줄곧 이성을 추구해왔기 때문이다. 그러나 앞서 언급한 인지 편향과 같은 다양한 요인으로 인해 우리는 완벽한 이성으로 나아가지 못하고 있다.

2

약한 이성에 의존하는 사회가 된 이유는 무엇일까?

국가별로 약 200년 전부터 일부는 수십 년 전까지 우리는 정치·경제적으로 '자유'롭지 못했다. 국민 대다수가 농민이었기에 귀족이나 성직자, 국왕과 같은 권력자들이 토지를 독점하거나, 거리낌 없이 과세 제도를 제정했으며, 심지어는 군사를 앞세워 폭정을 하는 경우도 있었다. 물론 좋은 권력자도 있었지만, 나쁜 권력자가 지배하는 곳에는 오늘날의 '인권'이라는 것이 존재하지 않았다. 종교가 없는 사람이라도 이런 나쁜 권력자 밑에서 처참하게 생활해야 했다면 신에게 기도를 올리고 싶었을지도 모른다.

　결국 귀족, 성직자, 국왕과 같은 악인들이 제멋대로 날뛰는 걸 막기 위해 헌법과 법률이 생겨나고, 이를 제정할 대표를 선출하는 선거 제도가 탄생했다. 선거 제도 초창기에는 남성에게만 투표권이 있었으나, 이후 여성에게도 참정권이 부여되었다. 또 범법자를 잡아들이는 경찰과 범죄의 진위 여부를 결정하는 재판이 생기고, 법률로 폭력이 제한되면서 우리는 역사상 처음으로 자산을 지킬 수 있게 되었다. 그러나 산업 혁명이 일어나자 우리는 새롭게 등장한 경영인, 자산가와 같은 악인으로부터 착취당하거나, 스스로가 스스로를 몰아붙이게 되었다. 이로 인해 최소한의 생활조차 영위할 수 없게 되면서 사회보장제도가 확충되고 인권이 강화되었다.

　드디어 우리는 자산을 마음대로 사용하고 누구나 법률 제정에 참여할 수 있게 되었다. 여기까진 좋았다. 하지만 '자유'가 '방임'이 되는 순간, 사회는 쉽게 혼란에 빠지고 만다. 우리 중의 누군가 법망을 피해 타인의 재산을 착취하거나 법률 자체를 이상한 방향으로 바꿔버릴 수도 있기 때문이다. 그렇기에 자유에는 항상 스스로를 제어할 수 있는 이성이 필요하지만, 이성의 수준은 사람마다 다르다. 끝내 우리는 자유를 손에 넣은 것만으로는 '행복한 사회'에 도달할 수 없었다.

3

가까이 산다고 해서
모두가
이웃은 아니다

　자원을 모아 배분하는 일, 무리를 지키기 위해 단결하는 일, 법을 정착시키는 일 모두 '국가'라는 집단 속에서 일어난다. 국가는 영토·영해·영공으로 이루어진 곳으로, 우리는 흔히 같은 곳에 사는 사람들을 '이웃'으로 생각한다. 그렇기에 자원을 모아 공평하게 나누고, 적의 공격에 필사적으로 대항하며, 찬성하기 어려운 의견이라도 상대와 진지하게 논의한다. 이러한 동료 의식, 즉 민족 국가라는 개념이야말로 현대 사회 구조의 근간이다.

　물론 같은 곳에 살고 있다고 해서 모두가 이웃이 되는 건 아니다. 예컨대 자신이
번 돈을 납세를 통해 이웃과 나누지 않고 해외 은행과 같은 조세 회피지에 숨기는
사람이 그러하다. 조세 회피지로 유명한 미국의 델라웨어주에서는 2016년 당시
인구수 약 89만 명 대비 기업 등록 수는 94만 건에 달했다.[1]

　최근에는 다른 의견에 대한 태도도 변하고 있다. 미국은 크게 공화당과 민주당
이라는 양당체제로 운영되는데, 1994년까지만 해도 상대 지지자를 서로 이해하는
분위기였지만, 2015년부터 눈에 띄게 분열되기 시작했다.[2]

　한 연구 결과에 따르면 개인의 사고방식이 진보인지 보수인지는 태어날 때부터 유전자에 의해 정해진다고 한다.[3] 물론 성격은 환경에 따라 변하기도 하지만, 이렇듯 개인의 사고방식이 유전자에 의해 간단히 결정된다면 논의한다 해도 서로를 온전히 이해하는 데는 한계가 있을지도 모른다.

　우연히 근처에 살고 있을 뿐인데 친해져야 한다니, 잘 생각해 보면 이상한 이야기가 아닐 수 없다. 확실히 언어나 습관이 비슷할 수는 있겠으나, 그런 단순한 이유만으로 근처에 사는 사람을 위해 노력해야 한다는 것은 선뜻 받아들이기 어려운 이야기다.

4

교육의 실패로
사람들은
무관심하고 게을러졌다

　우리는 타인의 기분을 헤아리지 않고 두서없이 말하며 낭비를 일삼는 삶을 살아서는 안 된다. 물론 '좋아하는 일'을 하며 살아간다면 행복하겠지만, 그렇다고 해서 자기 마음대로 행동해서는 안 된다. 우리는 논리적으로 의사소통하고, 효율적으로 자산을 늘리고, 도덕적으로 약자를 도울 줄 아는 이상적인 사람을 목표로 아이를 교육해야 한다.

이러한 교육방법 중 하나로 **리버럴 아트**(liberal arts)가 있다. 말 그대로 '자유의 기술(자유롭게 살아가는 데 필요한 지식과 기술)'이라는 뜻으로, 대표적으로 그리스·로마 시대부터 전해져 내려오는 '자유칠과[삼학(문법·수사학·변증학) 및 사과(산술·기하학·점성술·음악)]'가 있다. 이는 오늘날 학교에서 가르치는 국어, 산수, 과학, 사회, 음악, 미술 등의 과목과 명칭이나 형태만 다를 뿐 본질은 거의 같다. 교육과 세뇌의 가장 큰 차이는 상대가 자유로운가, 자유롭지 않은가에 있다.

그렇다면 학교 교육은 아이들에게 어떠한 영향을 끼치고 있을까? 일본 및 다른 6개 국가 청년층의 자존감, 사회 참여 의식 등 이들의 정신 상태를 비교한 조사 자료를 참고해 보자.

먼저 '자기 자신에게 만족하느냐'라는 질문에 '그렇다'라고 답변한 미국 청년은 86%인데 비해, 일본 청년은 46%에 그쳤다.[4]

또 '보다 나은 사회를 만들기 위해 사회문제에 관여할 수 있는가'라는 질문에 '그렇다'라고 답변한 독일 청년은 78%인데 비해, 일본 청년은 44%에 그쳤다.[4]

이러한 정신 상태가 일본의 '잃어버린 20년'을 만들었다고 해도 과언이 아니다. 대체로 자존감이 높은 미국에서조차 종종 청년들이 총기사고를 일으키지 않는가.

이는 **자유로워지기 위해 익힌 지식이, 자신과 타인을 반드시 행복하게 해주지는 않는다는 걸 시사한다.**

5

세금이 많든 적든 사람들은 편안한 삶을 원한다

누진 과세의 불공평함

국방, 사회 보장 등의 공공 서비스는 세금으로 운영된다. 그 납세액의 액수는 **정부의 공공 서비스에 위임할지, 국민이 직접 나설지에 따라** 달라진다.

만약 정부가 세수(정부의 세금 수입)를 늘리고자 한다면 누진 과세 정책을 시행할 것이다. 이에 따라 비교적 금전적으로 여유가 있는 사람들(기업·부유층)은 세금을 많이 내고, 그렇지 않은 사람들은 세금을 적게 내게 된다.

예컨대 최근 일본에서 집계된 바와 같이 기초 생활보장금 1,700억 원을 부정수급하거나,[5] 자존감이 없어 재기하려고 하지 않거나, 똑바로 노력하는 법을 익히지 못해 영리하게 빈곤에서 벗어나지 않기도 한다. 공공재 게임(public goods game)이라는 유명한 실험도 있지 않은가. 부유층이나 중산층에게 '게으름뱅이'로 취급받은 사람이 소극적으로 납세하거나, 한부모 가정의 부모가 상대적 빈곤에 놓였음

자유와 자기 책임

에도 신입도 채용하는 IT 기업에 취직하지 않고서는 '생활 유지비'라는 명목으로 세금을 낭비하는 것이다.

반대로 세수가 줄어든 경우를 보자. 이때 사람들은 금전적인 여유에 상관없이 자유롭게 쓸 수 있는 돈이 많아진다. 세수가 줄어든 만큼 공공 서비스에 제약이 생기니 스스로 미래를 예측해 돈을 준비하거나, 필요 없다는 판단 아래 자신의 가치관에 따라 돈을 쓰고 싶은 만큼 쓰면 된다. 그야말로 자유와 자기 책임이라고 할 수 있다. 예컨대 돈을 벌어야 행복해지는 사람들은 기업의 성공을 목표로 삼을 것이고, 먹는 순간이 가장 행복하다고 느끼는 사람들은 건강에 안 좋은 식습관이더라도 원하는 대로 할 것이다.

미국의 명암

하지만 이 역시 단점이 존재한다. 아쉽게도 사람은 대체로 자기가 나쁜 상황에 빠져야만 비로소 자신의 선택이 틀렸다는 것을 깨닫기 때문이다. 나쁜 상황은 자기 책임으로 끝나지 않고 서로의 생활에까지 영향을 끼친다. 미국의 예를 보자. 미국은 일본에 비해 공공 의료 보험 서비스의 질이 낮아서 몸이 아파도 곧바로 병원에 가는 사람이 적다. 결국 코로나바이러스 감염증 환자가 폭발적으로 증가하자 한 개인의 자기 책임으로 끝나지 않고 일부 부유층에게도 감염이 퍼졌다.[6]

6

자본주의는
평등을 위해
존재하지 않는다

　돈이나 물자와 같은 자원이 많을수록 질 좋은 상품이나 공공 서비스를 더 많이, 그리고 더 쉽게 누릴 수 있다. 또 생활 속 다양한 위험 요소에 대처하기 편해지며, 자신 또는 소중한 사람이 '하고 싶은 일'을 함으로써 행복을 느낄 수도 있다. 이를 위해 자원을 모으는 구조 그 자체가 매우 중요하다는 명백한 사실을 설명한 것이 바로 자본주의다. 자본주의는 다양하게 정의할 수 있지만, '자원이 더 큰 자원을 낳는다'라는 공통점을 가진다. 이러한 자원에는 돈뿐만 아니라 사람이나 물자, 정보, 평가 등도 포함된다.

자원이 더 큰 자원을 낳을 수 있는 이유는 부가가치 덕분이다. 어떤 사람이 부가가치를 만들어 낼 수 있다면 그는 그러지 못하는 사람보다 뛰어난 지식과 기술력을 가진 동시에 큰 위험 부담을 안고 있다는 의미다. 자본주의에는 필연적으로 '다른 사람·회사보다' 식의 경쟁과 노력이라는 가치관이 수반된다.

그렇다면 애초에 사람들에게 노력하고자 하는 의지는 있는 걸까? 일본인 국민성 관련 조사에 따르면, 2013년 기준 '노력한 만큼의 대가가 없다'라고 생각하는 사람이 1988년에 비해 증가한 양상을 보였다. 특히 한창 일할 나이인 20~30대 남성의 경우, 4명 중 1명(1988년)에서 3명 중 1명(2013년)으로 증가했다.[7]

만약 노력한다 하더라도 주변 환경이 뒷받침해주느냐에 따라 그 노력이 '가시밭길'이 되는 경우도 있다. 분명히 가난하게 성장해 명문대에 들어간 사람도 있

다양성과 자유는
차별받기 십상이다

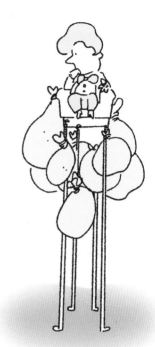

지만, 대체로 연간 입학한 명문대생의 약 55%는 부모의 수입이 9500만 원 이상이었다.[8] 다시 말해 비싼 교육비를 지불할 능력이 충분한 부모 밑에서 그 자녀들이 효율적으로 공부한다는 뜻이다. 이들의 표현을 빌리자면, 불로소득을 올리는 데도 '노력'이 필요하다고 한다.

세상에는 다양한 사람들이 존재한다. 빈곤층이나 중산층이 노력하지 않는 것도, 노력하지 않거나 노력할 수 없는 이웃을 위해 부유층이 상품과 서비스를 만들어 지원하지 않는 것도 그 사람의 개성이고 자유인 것이다. **빈부 격차가 쉽게 일어나고, 불우한 사람이 자신의 환경을 개선하지 못한 채 평등으로부터 더욱 멀어지는 이유는 우리가 다양하고 자유롭기 때문이다.**

7

국가는
소수의 엘리트가 아닌
다수의 바보가 지배한다

　사람들은 왕정 시대가 끝나고 나서야 나라에 관한 모든 일을 직접 결정할 수 있게 되었다. 그러나 많은 사람에게 자유롭게 의견을 말하고 전달할 수 있게 되었다 해도, 수천만~수억 명에 달하는 인원이 의사 결정에 다 같이 참여할 수는 없었기에 대표자를 정하게 되었다. 이때 다수결에 의한 선거로 대표자를 선출했는데, 이 일련의 구조를 가리켜 민주주의라고 부른다.

하지만 **민주주의 역시 국민의 이성에 있는 약한 측면으로 인해 제대로 나아가 기는 어려웠다.** 예컨대 1900년대에 발발한 세계대전은 나쁜 독재자가 아닌 국민 이 선출한 정치인이 일으켰다.[9] 또 선거는 다수결로 진행되기 때문에 소수의 의 견이 반영되기 어렵다. 더구나 인구 구성상 결코 소수가 아닌 여성들의 의견조차 반영되기 어렵지 않은가. 당장 일본만 봐도 여성 국회의원의 비율이 매우 낮다.[10] 학대 발생 건수를 보면 다수인 남성 국회의원이 여성이 혼자 아이를 키우는 힘든 상황에 공감은 하더라도, 그 문제를 해결하지는 못한다는 걸 알 수 있다.

사람들 대다수가 사회의 미래를 내다보고 사회가 나쁜 방향으로 나아가지 않 도록, 다수결을 통해 이러한 문제를 논의할 수 있으면 좋겠지만, 모든 사람이 그런 걸 이해할 리는 없다. 어려운 이야기를 이해하고 공감하기 위해서는 지식을 습득

할 필요가 있기 때문이다. 지식을 습득하는 대표적인 방법이 바로 독서인데, 일본 문화청에 따르면 16세 이상의 국민 중 약 절반에 달하는 사람들이 책을 전혀 읽지 않는다고 한다.[11] 일본 기업인 '베네세 코퍼레이션(Benesse Coporation)'이 실시한 '현대인의 어휘력에 관한 조사'에서는 독서를 좋아하지 않는 사람일수록 어휘력이 낮고, 어휘력이 낮으면 주변 사람과 뉴스에 관해 이야기를 나누는 일, 지인들과의 대화, 사회에 관한 관심이 낮은 것으로 나타났다.[12]

지식도 관심도 없는 데다, 대화도 하지 않는 이들이 사회적 약자를 위해 무엇을 논의할 수 있을까? 특히나 미국에서는 로비 활동에만 수십억 달러가 사용되는데, 일부 로비 활동으로 인해 꼭 필요한 정책이 통과되지 않는 경우도 발생한다. 이를 보면 겉만 엘리트처럼 보이는 바보들이 많다는 걸 알 수 있다.

부와 권력은 평등하게 주어지지 않지만, 의견은 누구나 주장할 수 있다. 그렇기에 민주주의는 평등해지기 위한 무척 중요한 제도로 여겨져 왔다. 그러나 안타깝게도 의견의 질을 높이거나, 다수를 구성하는 능력은 평등하지 않았다. 게다가 우리가 선출한 대표자에게 약자를 고려하는 이성이 있으리라 생각했지만, 그것조차 아니었다. **사실 민주주의는 지금껏 악인을 위해 존재해왔다고도 볼 수 있다.**

8

과학의 등장에도
마녀사냥은
사라지지 않는다

효율적으로 자원을 모으거나, 선량한 대표자를 선출하고, 효과적인 공공 서비스를 만들기 위해선 '올바른 정보'가 필요하다. 그렇다면 올바른 정보인지 아닌지는 어떻게 판단할 수 있을까? 이럴 때 활용하는 것이 바로 **'과학'**이다. 과학은 4가지 요소로 구성돼 있다. 이는 실제로 눈앞에서 일어난 일을 '관찰하는 일', 모든 차이를 비교해 '분석하는 일', 어느 일정한 확률로 같은 현상을 '재현하는 일', 관찰한 내용을 토대로 'A와 B는 ~가 다르다' 식의 차이의 가설을 세우고 재현하기 위해 '실험하는 일'에 해당한다. 과학의 발전 덕택에 인간은 건강한 삶을 영위하게 되었고, 그 결과 지난 500년간 인구수는 5억 명에서 70억 명으로 증가했다.

그러나 올바른 정보를 이성을 가진 사람만이 사용하는 것은 아니다. 한 나라를 한순간에 파괴하는 핵무기, 로봇과 같이 인간의 지능·신체능력을 뛰어넘는 기술인 인공지능(AI)·인공생명(Aritifical Life), 그리고 인공생명을 가능케 하고, 맞춤아기를 만들 수 있는 생명 공학 기술이 여기에 해당한다. 학교 교육에서 '과학적 자세'를 익히게 하고자 노력한 것은 사실이지만, 결과적으로 모든 사람이 이러한 자세를 갖추지는 못했다. 이는 종종 인지 편향에 따라 잘못된 행동을 취하는 것만 봐도 알 수 있다.

과학이 상식으로 자리 잡기 이전에는 사람들이 마법이나 요술의 존재를 믿었다. 그로 인해 기상 이변이나 흉작과 같은 일이 발생하면 마녀의 탓이라 여겨 마녀를 단죄하는 재판인 '마녀사냥'이 자행되기도 했다. 지금에 와서 논리적으로 생각해보면 마녀사냥은 말도 안 되는 행위지만, 오늘날에도 '헤이트 스피치(hate speech)'나 사이버 명예훼손 등 누군가를 집단적으로 비난하는 일은 많이 발생하고 있다. 논리적인 의사소통조차 이루어지지 않는다면 환경과 관련된 문제를 해결하는 일은 아득히 멀기만 할 것이다.

9

올바른 정보보다
잘못된 정보가
재미있다

우리는 올바른 정보를 알아야만 한다. 그래야만 다른 사람과 제대로 논의해 좋은 정치인을 고를 수 있고, 제대로 돈을 벌 수 있으며, 아이들에게도 올바른 것을 가르쳐 줄 수 있다. 대체로 우리는 신문이나 TV, 출간물 등의 대중 매체와 더불어 최근에는 주로 인터넷이나 SNS에서 정보를 접한다. 그렇다면 과연 이러한 정보가 올바르지 않은, 잘못된 정보라면 어떨까? **잘못된 정보로 인해 잘못된 행동으로 이어질 게 불 보듯 뻔하다.** 올바른 정보가 그 정도로 중요한데도 우리는 잘못된 정보를 그대로 받아들이곤 한다.

    2016년 미국 대선에서는 '페이크 뉴스(fake news)', 즉 가짜 뉴스라는 키워드가 화제였다. 당시 구글(Google)에서도 실시간 급상승하며 인기 검색어가 되었는데, 이는 민주당에게 불리한 많은 양의 인터넷 기사가 유포되었기 때문이었다. 이러한 인터넷 가짜 뉴스에는 광고가 노출되는데, 사람들이 많이 읽을수록 뉴스 제작자가 광고 수익을 올리는 구조라 6개월 만에 7000만 원을 벌어들인 사례도 있었다.[13] 이와 함께 대선 직후 실시한 조사에 따르면, 페이스북(Facebook)에서 정보를 얻는 사람 중 공화당에 투표한 사람들이 민주당에 투표한 사람들보다 가짜 뉴스를 더 많이 믿었다고 한다.[14] 이러한 사건은 비단 미국 대선뿐만 아니라 세계 곳곳에서 문제가 되고 있다.

이 또한 사람들의 인지 편향 때문에 발생하는 문제다. 사람은 자신이 믿고 싶은 정보와 다른 정보를 맞닥뜨렸을 때 불쾌감을 느끼며(인지부조화, cognitive dissonance), 자신이 믿고 싶은 정보를 고집한다(역효과의 법칙, backfire effect). 가짜 뉴스를 규제하면 되지 않느냐고 생각하는 사람도 있겠으나, 인간의 본질이 바뀌지 않는 한 이러한 문제는 반복될 것이다.

10

당장 내일
당신이 악인에게
공격당할 수도 있는
이 사회를 앞으로도
유지해야 할까?

　사회 구조는 우리 생활 속에서 일어나는 문제를 해결하기 위한 해결책이다. 예컨대 자본주의는 다양한 문제가 발생하면 돈을 무한히 늘리고, 인재나 상품 개발에 투자하는 식으로 문제를 해결한다. 한편 민주주의는 다양한 문제가 발생하면 많은 사람이 공감하고 찬성하는 쪽으로 다수를 구성하고, 세금을 어떤 공공 서비스에 사용할지 결정하는 식으로 문제를 해결한다.

그러나 이를 냉정하게 바라보면, **사회적 약자 중에는 가난하다는 이유로 소수로 여겨져, 문제를 해결할 수 없는 상황에 놓이는 이들도 있다는 뜻이다.** 민주주의를 바탕으로 선출된 사람이나, 자본주의를 바탕으로 새로운 상품 및 서비스를 만드는 경영인, 그리고 그들을 선택하는 우리에게 약자를 배려하는 도덕관념이 있다면 문제가 발생하지 않을 것이다. 그러나 현실에서는 가난하다는 이유로 소수로 여겨지는 사회적 약자들이 문제 해결을 위한 공공 서비스나 상품을 제공받기란 어려운 것이 사실이다.

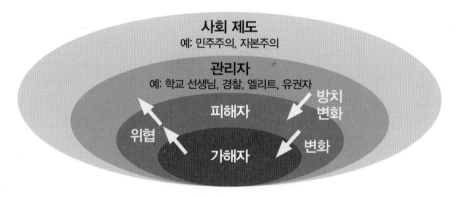

　물론 모두 그렇진 않지만, 사회적 약자 중에 생겨난 악인이 일반인을 공격하면 그 일반인도 사회적 약자가 된다. 보이스 피싱으로 재산을 잃거나, 왕따나 학대로 정신적 피해를 입는 것처럼 말이다. 게다가 이렇게 생겨난 사회적 약자 중에선 또 다시 악인이 탄생한다. 우리가 이 근대 사회 구조 속에 살아가는 한, 이 악순환의 고리는 결코 끊을 수 없다. 그렇기에 무작위적으로 피해자가 발생하고 만다.

근대사회

　이로써 근대에 생겨난 사회 구조가 약한 이성을 지닌 인간과 꼭 들어맞지 않는 이유를 이해했을 것이다. 인간의 이성은 불완전하기에 국가, 교육, 민주주의, 자본주의, 과학 기술, 언론 등이 문제를 해결해 줄 것이라는 기대는 소용없다. **피해자가 무작위적으로 발생하는 사회에 살고 싶지 않다면, 이 사회 구조 자체를 재검토할 필요가 있다.**

Chapter4

지금도
엘리트들은
무지함 속에서
계속 잘못을
저지른다

1

세계가 하나가 되는
글로벌 시대,
악인은 어디서든 나타난다

　사회문제의 해결책 중 하나로 **세계통합주의(Globalism)**라는 것이 있다. 세계통합주의란 정치나 경제 등을 포함해 지구를 하나의 공동체로 생각하고자 하는 이념이다. 확실히 다른 나라의 의견을 받아들이거나, 나라마다 잘하는 부분을 서로 보완할 수 있다면 한 나라만으론 불가능했던 일도 가능해질 것으로 보인다. 게다가 오늘날에는 언제 어디서나 인터넷으로 의사소통할 수 있는 데다, 비행기를 이용하면 어느 나라든 하루면 오갈 수 있지 않은가.

　하지만 여기에도 다양한 함정이 있다. 무엇보다 다른 나라 사람을 긍정적으로 '내 편'이라고 생각하기 어렵다는 점이 가장 큰 문제다.

　애초에 말이 통하지 않고 문화가 다른 사람들인 데다가, 나라에 따라서는 영토·역사와 같이 정치적으로 대립하는 이들이 이민자나 난민의 자격으로 유입되는 경우도 있기 때문이다. 미국이나 유럽 사람 중에는 이민자의 값싼 노동력으로 인해 일자리를 잃는다고 판단하는 사람들도 있어 이민을 부정적으로 바라보는 정치인이 나타나기도 했다.

　이성적으로는 단순한 일은 이민자에게 맡기고, 자신들은 더 노력해 이민자가 할 수 없는 일을 하면 된다. 실제로 미국에 유입된 이민자가 고등학교 중퇴 이하의 학력을 가진 미국인의 임금에 미치는 영향과 관련된 데이터를 보면, 단기적으로는 0.7% 감소했으나, 장기적으로는 0.6~1.7% 증가해 오히려 좋은 영향을 주었다는 사실을 알 수 있다.[1] 그러나 단기적인 악영향 때문인지, 데이터로 판단할 이성이 없기 때문인지, 이민자의 약 80% 정도가 이민 초기에 융화되려고 노력했음에도 왕따를 당해 고독감을 느낀다고 한다.[2] 여기에 극소수의 이민자가 일으키는 테러나 범죄로 인해 생겨난 '이민자 = 나쁘다'라는 이미지는 혐오감을 부채질하고 있다.

　분명 다양성이 공존하는 사회는 이상적이다. 또 사회에 공헌하는 여성이나 흑인, 성적 소수자, 장애인도 존재한다. 그러나 말이 통하는 국민 사이에도 정치적, 경제적 '동료 의식'이 부족해 서로 협력하지 못하는데, 다른 나라 사람들과는 어떻게 사이좋게 지낼 수 있겠는가.

2

돈을 물쓰듯 써도
빈곤은
해결되지 않는다

근래 빈곤을 해결하는 정책으로 **기본소득**(Basic Income)이 자주 거론되고 있다. 기본소득이란 쉽게 말해 정부가 최소 생활비를 조건 없이 계속 지급하는 제도를 말한다.

기본소득의 문제점으로는 '일하게 되지 않는 것'과 '조건 없이 지급할 돈을 마련할 방법'(재원)이 자주 거론되는데, 이는 요점에서 벗어난 지적이다. 인간의 욕구는 기본소득만으로는 만족되지 않아 사람들은 돈을 벌기 위해 일할 테고, 재원은 기존의 비효율적인 사회보장제도를 폐지하고 소비세·소득세를 늘림으로써 확보할 수 있기 때문이다.

한편 기본소득이 올바르게 사용되지 않을 것이라는 지적도 있다. 이 지적에는 개발도상국과 선진국을 단순 비교할 수는 없겠으나, 참고할 만한 일례가 있다. 서아프리카 라이베리아에서 실시한 'Liberia Social Cash Transfer Program'이라는 실험 결과, 기본소득을 술값 등으로 소비한 사람은 소수였다고 한다.[3]

　그렇다면 기본소득의 근본적인 문제점은 무엇일까? 바로 '**현금 지급만으로는 빈곤에서 벗어날 수 없다**'는 점이다. 빈곤이란 '돈이 없는 것'만이 문제가 아니다. 다음을 살펴보자.

　첫째, 빈곤에서 벗어나기 위해서는 돈을 어디에 사용할지 등의 지식, 누구와 어떻게 보내야 할지 등의 인간관계, 그리고 이러한 것들을 얻을 수 있는 기회가 필요하다. 만약 기회를 얻지 못하는 생활이 지속된다면 외로운 생활을 유지하기 위해서만 기본소득을 소비하게 될 것이다. 더구나 편견과 같은 인지 편향이 강한 사람이라면 빈곤에서 벗어나기란 더욱 어려운 일이다.

　둘째, 기본소득 외의 사회보장제도는 대폭 축소될 수 있으니 이런 상황을 대비해 보험에 가입하거나 의료비 명목으로 저축해야 한다. 하지만 이러한 지식이 부족한 사람은 질병·사고로 큰 피해를 입거나 빚을 지는 경우가 발생할 수 있다.

　셋째, 인공지능(AI)의 등장으로 많은 직업이 자동화되었다. 그렇기에 기본소득만으로 돈이 부족하다면 취직하기 위해 자신의 능력을 갈고 닦아야 한다.

　넷째, 기본소득 덕분에 창업·유학과 같이, 자신이 평소 하고 싶었던 일에 도전해 쉽게 성공한 사람을 보고 질투나 열등감을 느껴 불행해지는 사람이 발생할 수 있다.[4]

3

사회에 공헌하고 싶다면 비영리민간단체(NPO)나 자원봉사에 참여하지 마라

　사회 공헌은 쉽게 말해 '선행'을 말한다. 사회 공헌에는 무보수에 자주성이 요구되는 자원봉사, 이익을 추구하지 않는 NPO, 대가를 바라지 않는 기부가 해당하며, 기업 활동의 경우 기업의 사회적 책임(CSR)이나 공정 무역 등이 여기에 속한다. 현대 사회가 빈곤층이나 소수층과 같은 사회적 약자가 끊임 없이 생겨나는 구조인 이상, 사회 공헌의 필요성은 어쩔 수 없이 수반된다.

　그렇다면 사회 공헌은 '성과'로 이어질까? 여기서 성과는 가난한 사람이 줄거나, 아동과 성소수자의 인권을 지킴으로써 학대·왕따가 줄어드는 것을 말한다. 그러나 **가난이나 학대 발생 건수 등의 수치를 보면 알 수 있듯 사회 공헌은 실제 성과로 이어지지 않고 있다.**

　그 원인은 사회 공헌을 위해 활동하는 사람들이 '올바른 해결책'을 찾지 못하고 있기 때문이다. 올바른 해결책이었다면 당연히 성과로 이어졌어야 한다.

보람을 느끼기 위해...

3,400만 원

　설사 올바른 해결책을 찾은 상태라 하더라도 자금이 부족하다. 일본의 NPO
단체 상임 위원의 평균 연봉은 2,300만 원이며,[5] NPO 이외의 일반 사단 법
인을 포함한 '사회 기여 공동체(Social Sector)'의 경우 3,800만 원 정도이다.[6]
물론 이 정도로 연봉이 낮은데도 불구하고, 이미 사업으로 승승장구하고 많은 사람
들에게 영향력이 있음에도 '일하는 보람'을 느끼기 위해 연봉을 낮추고 이직하는
고소득자도 있다. 그러나 이 정도로 이성적인 사람은 소수에 불과하다. 대다수가
자원봉사조차 할 생각이 없다는 사실이 데이터를 통해 증명되었다.[7]

자금이 부족하다면 기부를 받거나 조성금을 지원받으면 되지 않을까? 2009년에 설립된 '일본 펀드레이징 협회(JFRA)'의 예시를 보자. 이들은 2020년 기부금 목표를 100조 원으로 잡았지만, 실제 기부금은 한참 못 미치는 수준이었다.[8] 반면 미국은 수백억 달러 규모의 기부금이 사회 공헌에 사용되지만, 치안 등을 평가하는 세계 평화 지수(Global Peace Index)에서 '수백조 달러의 기부금'치고는 매우 낮은 121위를 기록했다.[9]

물론 NPO나 자원봉사단체는 당장 눈앞에 보이는 사람만이라도 돕겠다는 생각으로 활동하는 것일 수도 있다. 그러나 근본적인 해결책은 도움을 주는 사람을 매년 늘리는 구조를 만드는 것이다. 이러한 방향으로 개선되지 않는다면, 우리는 차라리 다른 방법을 찾는 편이 바람직하다.

4

혁신은
성범죄 기회를
늘렸다

　선진국은 이미 경제 발전을 이루었고, 대기업은 원가 절감 차원에서 업무를 자동화로 전환한다. 여기에 남은 일자리마저 세계화로 인해 저임금 노동자들이 빼앗아간다. 노력하는 사람의 재산은 점점 늘어나지만, 가난한 사람은 노력하는 방법을 알지 못하는 데다, 정부로부터 받을 수 있는 원조조차 한정돼 있다. 이러한 막막함 속에서 '혁신(Innovation)'에 매달리는 사람들이 늘고 있다. 세계적 혁신을 일으킨 기업을 가리켜 **유니콘 기업(Unicorn)**이라 부르는데, 이들은 비상장 기업임에도 10억 달러 이상의 기업 가치를 지닌다.

　유니콘 기업의 대표 주자로는 '우버 테크놀로지스(Uber Technologies, 우버)'가 있다. 우버는 차를 모는 사람을 택시 기사로, 자전거를 모는 사람을 음식 배달원으

로 활용하는 등 사람들의 운송 체계에 변화를 주었는데, 중국과 동남아시아, 인도, 아프리카에 이를 벤치마킹한 기업이 생겨날 정도였다.

그러나 동시에 우버는 성범죄자에게도 새로운 범죄의 기회를 제공했다. 우버에 따르면 2017년부터 2018년까지 미국에서만 약 6천 건의 성폭력 사건이 발생했는데, 이 중 450건이 강간이었고, 19명이 폭행으로 사망했다.[10] 총이 나쁜 게 아니라 총으로 살인을 저지른 사람이 나쁜 것처럼, 가장 나쁜 것은 우버가 아닌 성범죄자다. 총기류의 경우 소지 면허를 발급함으로써 그 이용을 관리 및 제한하고 있지 않은가. 우리 사회는 우버에서 발생하는 문제를 관리할 수 없을 정도로 작지 않다.

이것은 우버에 국한된 이야기가 아니다. 트위터(Twitter)에서 난무하는 인신공격은 누군가의 자살로 이어졌고, 페이스북(Facebook)의 인공지능(AI)을 활용한 광고 기술은 선거에 지대한 영향을 끼쳤다.

'싫으면 안 쓰면 그만 아닌가? 사용에 따른 피해는 본인 책임이지'라고 생각할 수도 있다. 그러나 실제로 피해가 발생할 확률이 낮은 엄청나게 편리한 무언가를 눈앞에 들이댔을 때 정말로 사용하지 않을 사람 또는, 그 위험 요소를 이해한 상태에서 실제로 피해를 입었을 때 후회하지 않을 사람이 얼마나 될까?

혁신은 사람들의 생활을 바꿔놓았지만, 동시에 악인의 수법 또한 변화시켰다.

5

단순한 정책에 불과한 지속가능발전목표(SDGs)는 결코 더 나은 사회를 만들지 못한다

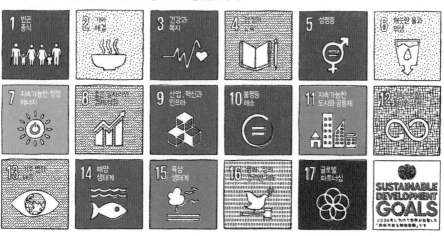

2015년 9월 뉴욕 유엔본부에서 열린 유엔 정상회의에 참석한 세계 각국의 정상들은 '지속가능발전목표(SDGs)'를 만장일치로 채택했다. 이는 2016년 ~ 2030년까지 개발도상국과 선진국 모두 하나가 되어 달성해야 하는 국제 목표로, 빈곤과 교육 등 17개의 세부 목표로 분류돼 있다. 최근에는 대충 매체에도 자주 등장하고 있다.

여기까지 들으면 매우 이상적이고 목표 달성을 위해 적극적으로 노력하고 있는 것 같지만, 실상은 그렇지 않다. SDGs 이전에도 '새천년개발목표(MDGs)'라는 것이 있었다. 이 목표의 세부 목표에는 '빈곤 근절'이라는 강한 표현이 사용되었지만, 여전히 8억 명에 달하는 사람들이 빈곤 상태에 놓여 있다.[11] 물론 이전과 비교해 그 수가 크게 줄어들긴 했으나, 이는 MDGs 영향이라기보다는 경제 성장 덕분으로 파악된다.

　2019년 5월 유엔이 SDGs의 진척 상황을 발표했는데, 2030년까지 제1 목표인 빈곤조차 해결할 수 없을 것으로 보인다.[※12] 더욱이 코로나바이러스 감염증의 영향으로 목표 달성은 한층 어려워졌다. 참고로 당시 반기문 유엔 사무총장이 출범시킨 지속가능발전 해법 네트워크(SDSN)에서 발표한 국가별 달성도 순위에서 일본은 15위를 기록했는데, 목표 달성에 크게 공헌하고 있지 않은 모양새다.

SDGs는 노력 목표에 해당한다. 즉 목표를 달성하지 않아도 아무런 처벌을 받지 않으며, 달성할지 말지도 해당 국가의 자유다. 애초에 목표 달성에 실패했을 때 처벌할 수 있는 '법적 구속력을 갖춘 규칙'으로 만들기 어려워 노력 목표로 만들 수밖에 없었다.

가령 선진국에서는 기상 이변을 막기 위해 온실가스 배출에 제한을 두고 싶지만, 개발도상국이나 신흥국에서는 온실가스를 배출해서라도 경제 성장을 이루고 싶어 한다. 더구나 선진국은 과거에 이미 온실가스를 배출해 경제 성장을 이룩한 만큼, 이들의 목소리는 무시되고 있다.

처음부터 올바르지 않은 해결책을 두고, '문제를 해결하자! 의식을 높이자!'라고 외쳐봤자 그림의 떡일 뿐이다.

6

다양성이 존재하는 사회가 왕따를 낳는다

흔히들 **다양성**이 공존하는 사회가 바람직하다고 말한다. 이는 인종, 성별, 학력에 상관없이 누구나 사회에 어떠한 가치를 전할 수 있기 때문이다. 더구나 현대 사회가 표방하는 세계통합주의 속에서는 자신과는 다른 사람을 쉽게 접할 수 있어 필연적으로 다양성이 증가한다. 나를 대입해 봐도 이웃에게 배제되는 것보다는 받아들여지는 것이 훨씬 기쁘다.

이처럼 다양성이 공존하는 사회를 만들기 위해서는 최소한 무엇이 필요할까? 먼저 자신과는 다른 사람을 열등하게 보지 않으려는 개개인의 태도가 필요하다. 예컨대 성별, 민족, 인종, 종교, 장애, 학력, 나이, 직업, 외모, 체형처럼 다양한 차이점을 보아도 어떠한 편견을 가지지 않도록 스스로를 다잡아야 한다.

    다음으로 사회 구성원 전원이 합의해 특정한 누군가가 부당한 상황을 겪거나, 억압받거나, 불행해지지 않는 구조를 만들고, 그 구조를 유지 및 개선하고자 하는 노력이 필요하다. 가령 어떤 이들은 정부가 세금을 모아 사회적 약자를 지원해야 한다고 생각하고, 반대로 어떤 이들은 세금을 줄여 돈을 자유롭게 사용하는 가지 각색의 생활이 좋다고 생각한다. 그러나 어느 쪽이 되었든 사회 구성원의 노력은 필수적이다.

하지만 현실에서 이 두가지 최소 요건을 실천하기란 매우 어려운 일이다. 사람들은 정의에 중독돼 소수를 공격하거나, 인지 편향을 바탕으로 아무렇지도 않게 차별하지 않는가. Chapter 2에서 소개한 것처럼 스트레스가 쌓인 왕따 가해자에게 쉽게 노려지는 왕따 피해자 10가지 유형을 떠올려 보자.

그리고 다른 사람에게 위해를 끼칠 가능성이 적고 개인이 좋아하는 일이라 하더라도, '이미지'로 인해 다른 사람이 받아들이기 힘든 경우도 있다. 담배, 도박, TV, 게임, 동성애, 결혼한 뒤에도 각자의 성씨를 사용하는 부부 등이 여기에 해당한다. 만약 대마초가 미국의 일부 주에서 합법이라고 해서 일본에서도 허용한다면, 당신은 어떻게 생각할 것인가? 이처럼 다양성이라 해도 100% 받아들여질 수는 없다.

7

감시 사회는
현대 사회가
고를 수 있는
가장 좋은 선택지다

프라이버시는 민주주의를 기능하게 하는 매우 중요한 요소다. 만약 당신에게 새로운 생각이 떠올라서 이를 몰래 동료와 논의하고 무리를 이루었다고 치자. 이때 정부는 당신을 감시하고 있었는데, 그 새로운 생각이 정부 입장에 반한 것이라면 그들은 온갖 이유를 갖다 붙여 당신을 체포할 수도 있다. 꼭 정치적인 문제가 아니라도 비밀로 하고픈 일을 누군가에게 들킨다는 건 달가운 일이 아니다.

현대 사회에는 인터넷 서비스가 넘쳐나는 데다, 의사소통까지 데이터로 남는다. 또 누군가 스마트폰의 카메라 앱이나 녹음 앱을 몰래 켜둘 수도 있다. 즉 감시를 희망하는 정부라면 개인의 프라이버시 정도는 서비스 운영회사와 손잡고 간단히 알아낼 수 있다는 뜻이다.

　미국과 중국에서는 이러한 상황이 실제로 일어나고 있다. '에드워드 조지프 스노든(Edward Joseph Snowden)'은 미국 국가안보국(NSA) 및 중앙정보국(CIA)에 근무했던 인물인데, 2001년 9 · 11 테러 이후 미국 정부가 마이크로소프트(Microsoft), 구글(Google), 페이스북(Facebook), 애플(Apple) 등의 기업으로부터 개인 정보를 제공받아 이를 토대로 국민을 감시하고 있다고 폭로했다.[13]

　또 중국 역시 빅데이터를 이용해 국민을 감시하고 있다. '바이항 크레딧 서비스 코퍼레이션(Baihang Credit Service Corporation)'은 중국 정부의 주도 아래 출범한 공통 신용조사 회사인데, 중국 국민의 개인 신용 정보는 이 회사에 의해 수집된다. 중국이 코로나바이러스 감염증의 감염 확대를 조기에 진압할 수 있던 것은 이러한 감시 시스템 덕분이라는 견해도 있다.[14]

물론 사람의 이성이 가지는 한계로 인해 민주주의가 기능하지 않을 때도 있다. 그러나 동시에 사람은 자유로워지고픈 욕망을 지녔다. 우리는 엄격하게 감시하는 식으로 지배를 강화하면 국민의 반발을 맞이한다는 역사적 사실을 배우지 않았나.

다만 앞서 자유를 허용하면 다양한 문제가 발생한다는 사실 역시 배웠다. 그렇기에 현실적으로 어디부터 프라이버시이고 어디까지 정보를 제공하면 되는지 명확한 기준을 세워야 한다. 그렇지 않으면 '방범'이나 '서비스 개선'이라는 명목으로, 정부가 국민의 일거수일투족을 감시하게 될 것이다. 실제로 감시를 하고 있는지는 오직 정부만이 안다.

8

인공지능(AI)이
일을 대신해 줘도
행복해지지 않는다

　산업혁명 이후로 사람들의 생활 전반에는 기계에 의한 자동화가 진행되었다. 이 자동화가 최근 **인공지능(AI)**을 통해 한층 더 발전하면서, 곧 많은 일자리가 AI로 대체될 것으로 예상된다. 이로써 우리는 하기 싫은 일 대신, 하고 싶은 일에 시간과 돈을 투자할 수 있게 되었다. 또 교통사고처럼 지금껏 인재(Human Error)였던, 즉 인위적 과오와 실패가 원인이었던 문제를 개선할 수 있게 되었다.

　'하고 싶지 않은 일이 사라진다'라니, 언뜻 별세계처럼 느껴지지만 여기에는 많은 문제가 숨겨져 있다.

　우선 AI를 개발하고자 투자한 비용은 반드시 회수하려고 할 것이다. 이로 인해 AI가 판매되는 시점에는 돈 있는 사람만이 AI를 가질 수 있다. 아니면 AI를 무료로 제공하는 대신 사용자로부터 개인정보를 받아 광고 비즈니스에 이용할 수도 있다. 그러나 후자는 감시 사회의 시작을 의미한다.

또 애초에 AI로 자동화할 수 있는 직업에도 한계가 있다. 10~20년 후에는 현존하는 직업의 47%가 자동화로 사라질 것이라고 하는데,[15] 이는 옛날로 치면 얼음을 파는 사람이 사라지고, 그 자리를 냉동고가 대체하는 것과 같은 이치다. 다만 각종 매니저나 멘탈 헬스케어, 초등학교 교사, 간호사와 같은 직업은 사라지지 않는다.[15] AI는 수치화가 가능한 정보는 다룰 수 있지만 '분위기를 읽는다'처럼 두리뭉실한 정보는 처리할 수 없기 때문이다.

　여기에 더해 오히려 사라지지 않는 직업 때문에 금전적 격차가 더욱 쉽게 벌어질 수도 있다. 우리가 초등학교 교사나 간호사처럼 바쁘면서 자동화는 되지 않고 월급까지 낮은 일에만 종사하게 될지도 모르기 때문이다.

　그렇다면 더 큰 혁신이 일어나 모든 직업이 자동화되었다고 치자. 그러면 모든 곤란한 일은 AI가 탑재된 로봇이 해결해줄 것이다. 그러나 미국의 양로원 실험에 따르면, 사람은 어느 정도 스스로 일하지 않으면 불행감을 느껴 수명이 단축될 수도 있다는 사실이 밝혀졌다.[16]

9

SNS 광고를 통해
선거 결과를
원하는 방향으로
얼마든 이끌 수 있다

누군가는 **선거 제도**를 국민이 일치단결함으로써 우리 사회를 개선하는 방법으로 생각할 수도 있다. 이를 통해 나쁜 정치인을 좋은 정치인으로 바꾸면 법률이 개정되고 사회 전체의 양상이 변화할 것으로 기대하기 때문이다. 그렇기에 선거의 투표율은 선거에 대한 기대감의 표시라고도 한다. 그렇다면 정말로 우리 사회는 선거 제도로 바꿀 수 있는 걸까?

안타깝지만 **선거는 누군가에 의해 조작될 수 있다.** 앞서 소개한 가짜 뉴스가 선거에 미치는 영향 외에 'SCL 그룹'과 그 계열사인 '케임브리지 애널리티카(Cambridge Analytica)'의 사례를 소개하고자 한다.[17]

　SCL 그룹은 25년이 넘도록 각 나라의 선거에 200건 이상 개입해 왔는데, 심리학과 데이터 사이언스를 토대로 과학적으로 투표율을 올리거나 억제했다. 이들은 2억 4천만 명이나 되는 미국인의 개인 정보를 보유하고 있던 것으로 추정된다.

　이어 이들은 그 노하우와 데이터베이스를 기반으로 케임브리지 애널리티카라는 회사를 설립했는데, 2016년 미국 대선과 영국 유럽연합 회원국 국민투표에 관여함으로써 악인으로 급부상했다.

하지만 이러한 문제는 SCL 그룹만 사라지면 해결되는 걸까? 애초에 사람은 타인에게 통제될 정도로 취약한 이성을 지녔기에 또다시 SCL 그룹과 같은 집단이 나타나면 선거는 조작되고 말 것이다. 청년층에게 아무리 투표하러 가자고 외친다 한들, 이들이 무지한 까닭에 속아 넘어간다면 그 투표에는 의미가 없다. 그렇기에 **민주주의 제도 자체를 바꿔야 한다.** 그렇지 않으면 같은 문제가 반복돼, 빈곤층이나 소수층과 같은 사회적 약자들은 정치로부터 더욱 소외되고 말 것이다.

10

아이는
빛나는 미래보다
'지금' 부모에게
사랑받고 싶다

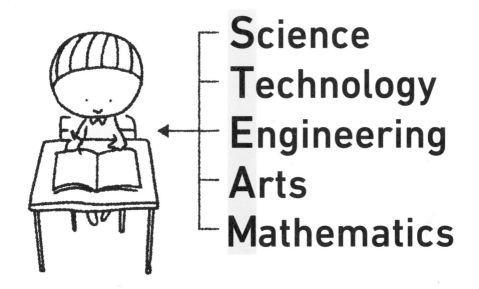

Science
Technology
Engineering
Arts
Mathematics

다음 세대의 성장은 더 좋은 사회를 만드는 일에 있어 필수 요소일지도 모른다. 그렇기에 교육이 필요하다. 다시 말해 어른이 되었을 때 더 좋은 사회를 만들 수 있도록 아이들에게 필요한 소양을 길러주어야 한다는 뜻이다.

최근에는 과학, 기술, 공학, 예술, 수학의 이니셜을 딴 STEAM이라는 새로운 교육법이 주목받고 있다.[18] 이를 통해 전부는 아니라도 조금이라도 많은 아이가 Apple과 같은 IT 대기업을 창업하거나, 최고의 리더십을 발휘하게 된다면 무척 든든할 것이다.

이외에도 '아동을 이렇게 교육했을 때 미래에는 어느 정도의 월급을 받을 수 있을까?' 식으로 교육 경제학이 발전하면서, 우리가 가지고 있던 교육 상식을 뒤집을 만한 연구 결과가 점차 늘고 있다.[19]

　하지만 우리가 아이에게 가르쳐야 할 최고의 교육은 '장래에 일할 수 있도록 기르는 것'에 있지 않다. **그것은 애정에 있다.** 예컨대 학대당한 아이는 명문고·명문대학에 진학하더라도 훗날 괴롭힘이나 범죄에 가담할 가능성이 있다. 오히려 좋은 머리를 이용해 더욱 교묘한 방법으로 나쁜 일을 저지를지도 모른다. 또 그러한 악인이 되지 않더라도 눈앞에 있는 사회적 약자를 공감하지 못하고 외면하는 무지한 엘리트로 성장할지도 모른다.

　애정을 주고 공감 능력과 올바른 도덕관을 지닌 아이로 기른다면, 최소한 그 아이는 누군가에게 의도적으로 상처 주지 않고, 자발적으로 사회적 약자를 돕고자 할 것이다.

　덧붙여 교육 내용을 지나치게 늘리면 학교 선생님에게도 부담이 된다. 이미 과로 기준을 초과했는데도 불구하고 전문 분야가 아닌 업무까지 추가하면, 아이들을 대할 시간이 더욱 줄어들 수밖에 없다. 왕따나 자살은 선생님의 눈길이 닿지 않는 틈을 타 일어난다.

Chapter 5

악인도
행복해지는 사회로
나아가자

1

악인이 행복하지 않다면
인류의 행복도 없다

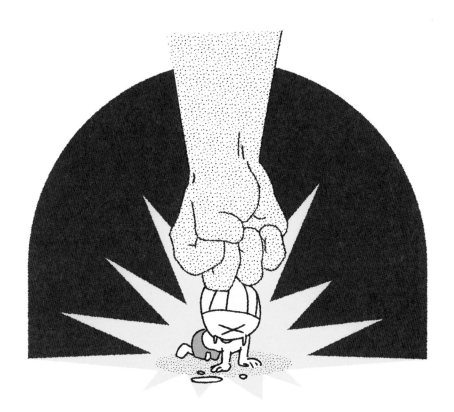

　우리는 부모의 학대, 집단 따돌림, 직장 내 괴롭힘과 같은 악인의 공격을 받거나, 사회 구조로부터 방치되면 피해자가 된다. 일을 제대로 하지 못하면 직장을 잃고, 고독이나 가난에 빠지면 학대·왕따를 당하기 쉬워지지 않는가.

　이러한 피해자 중에서도 악인은 발생한다. 뇌가 외부로부터 공격받아 공감 능력을 상실했거나, 전쟁처럼 상관의 명령에 복종해야 하는 환경에 처했을 때 우리는 학대에 가담하게 된다. 그렇다면 어떻게 해야 피해자가 악인이 되지 않을까?

　우선은 피해자의 피해 상황을 방치하지 않는 사회 구조를 구축할 필요가 있다. 다시 말해 **피해자도 행복해질 수 있는 사회 구조로 개선해야 한다는 뜻이다.** 이는 다음과 같은 방식으로 개선할 수 있다.

첫째, 유전적인 요인으로 악인이 된 경우, 그 '공감하지 못하는 특성'을 다른 일에 활용할 수 있도록 교육한다.

둘째, 학대 등의 경험이 뇌에 악영향을 줘 악인이 된 경우, 애초에 그런 경험을 겪지 않도록 방지하고, 이미 경험한 이들은 시마네 아사히 사회복귀촉진센터처럼 특별 상담이나 치료 프로그램을 이수하도록 한다.[1]

셋째, 가치관의 차이에 따라 악인이 된 경우, 유연성 있는 사람은 가치관을 바꾸도록 유도하고, 유연성 없는 사람은 자유를 너무 제한하지 말고 차라리 같은 가치관을 가진 사람만 만나게 한다.

넷째, 환경에 따라 악인이 된 경우, 역할 놀이 등으로 사전에 환경을 체험하게 함으로써 내성을 길러준다.

　이러한 해결책은 정책 차원에서 이룩할 수 있는 수준이 아니므로, **사회 구조를 뿌리째 바꿔야 한다.** 예컨대 전 국민의 유전 정보는 정부가 미리 파악할 필요가 있으니 여기에 한해 프라이버시를 재고하는 식, 학대가 일어나기 쉬운 가난한 가정에서는 누구든 최저 생활비를 벌 수 있도록 의무 교육 단계에서 직업 훈련을 시키고, 일정한 수입이 없다면 위탁 가정에 아이를 맡기는 식으로 말이다.

2

엘리트나 바보나 악인이나
행복해지는 방법은
모두 같다

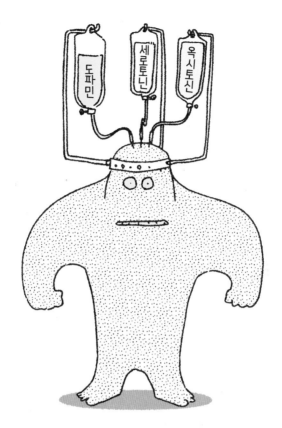

　악인은 악인만의 방법으로 행복해진다고 여길 수도 있다. '타인에게 상처를 주는 기쁨으로 행복해지지 않을까?' 하는 것처럼 말이다. 하지만 이쯤에서 **'행복'**의 의미를 되돌아보고자 한다.

　사람은 행복을 느끼면 뇌에서 신경전달물질이 분비되는데, 이는 행복의 종류에 따라 다르다. 쾌락은 도파민, 신경 안정은 세로토닌, 스트레스 완화나 좋은 인간관계를 맺을 때는 옥시토신이 분비된다. 그렇기에 누군가 사람에게 상처를 줄 때 도파민이 분비된다면, 분비를 억제하거나 다른 행위를 할 때 분비되도록 조정하면 되지 않느냐는 식으로 쉽게 생각할 수 있다.

　사람은 다양한 취미와 가치관을 가지다 보니 행복을 느끼는 방법이 저마다 다
르지만, 과학적으로 공통된 요소가 있다는 사실이 증명되었다.[2] 자기가 하고 싶은
일을 하거나 스스로 성장할 수 있는 일을 할 때, 인간관계를 원만히 쌓으며 서로에
게 감사할 때, 매일 일어나는 일들을 긍정적으로 받아들일 때, 타인으로부터 영향
을 받아 타인과 비교함으로써 우열을 가리지 않는 '나다움'을 가질 때 행복도는 영
향을 받는다. 나는 악인이 이렇듯 행복을 느끼는 상황과는 정반대인 상황에서 탄
생하는 경우가 많다고 생각한다.

　행복해지고 싶지 않은 사람은 없다. 그렇기에 우선 모두에게 공통된 요소, 즉 기본적인 행복을 충족할 수 있는 방법을 알려줘야 하지 않을까?

　나는 이를 기본 인권 다음 차원의 개념으로 여기고, '**전원 기본적 행복(Universal Basic Happiness)**'이라고 부른다. 이는 모두에게 행복의 요소를 제공하면, 그 결과 소수자가 사라지고 모두가 사회로부터 소외되지 않는다는 개념이다. 다양한 행복은 기본적인 행복이 충족되고 나서 각자 추구해도 될 일이다.

3

악인이 없는 곳으로
도망칠 것인가,
아니면 모두의 이성을
바로잡을 것인가

    사회 구조는 쉽게 바꿀 수 없다. 그렇기에 사회 구조가 바뀌지 않거나, 바뀌기 전까지 피해자 중에 악인이 생기고, 일반인 중에 피해자가 생기는 지금의 사회 구조 속에서 잘 대처해 나가야 한다. 대처 방법으로는 크게 2가지가 있다.

    첫째, 스스로 악인으로부터의 피해 확률을 줄여야 한다. 위험한 장소에 가지 않기, 이상한 사람과 사귀지 않기, 열심히 공부해 좋은 대학·직장에 들어가기, 회사를 창업해 부자되기 등을 통해 악인과 맞닥뜨릴 만한 요소를 미리 줄일 수 있다. 물론 노력한다고 해서 100% 안전을 보장받지는 못한다. 또 당신의 가치관과 맞지 않는 노력일 수도 있다. 그러나 악인과 맞닥뜨릴 확률이 줄어든다는 것은 분명한 사실이다. 타고난 환경에 따라 그 확률에 차이가 있겠지만 말이다.

둘째, 우리 모두 악인이 발생하지 않도록 **빈곤층이나 소수층을 도우려는 마음과 이성을 가져야 한다.** 그렇게 되면 많은 기부금이 모이고, 서로를 이해하면서 다양성이 공존하는 사회를 구축할 수 있다. 이로써 이 세상에는 빈곤과 소수라는 말이 사라지게 될 것이다. 그러나 지금의 교육·종교만으로는 이러한 이성과 가치관을 익힐 수는 없다. 더구나 혼자 노력한다고 해서 이룰 수 있는 일도 아니다.

따라서 이성을 익힐 수 있는 새로운 방법을 찾아야 한다. 여기에는 '넛지(Nudge)'를 예로 들 수 있겠다. 넛지는 정책 설정에서 사람들이 자발적으로 더 좋은 선택을 할 수 있도록 유도하는 개입 방식이다.[3] 또 일본 기업이 개발한 앱인

'스마트 뉴스(Smart News)'도 있다. 이 앱에는 '폴리티컬 밸런싱 알고리즘(Political Balancing Algorithm)'이라는 뉴스 표시 기법이 적용돼 있어 사용자가 편협한 시각을 가지지 않도록 돕고 있다.[4] 이외에도 사람의 잠재 능력이나 행복도를 높이는 기술로서, 연구가 활발히 이루어지고 있는 '긍정 컴퓨팅(Positive Computing)' 또한 참고할 만하다.[5]

4

빈곤층은
인터넷을 완벽하게
다룰 줄 알아야 한다

　빈곤층이나 소수층과 같은 사회적 약자들은 현대 사회 구조 속에서 어떻게 삶의 질을 높일 수 있을까? 이들은 소수이기에 다수결로 치러지는 선거에서 이길 수 없고, 가난하기에 기업은 이들을 대상으로 제품·서비스를 만들어 주지 않는다. 결국 잔혹한 현실이지만 이들은 스스로 해결해 나가는 수밖에 없다.

　인터넷 서비스는 이러한 사람들을 현실에서 구제하는 역할을 하고 있다. 구글(Google)의 검색 엔진이나 페이스북(Facebook) 등의 SNS는 무료로 이용할 수 있으며, 아마존(Amazone)에서는 책과 같은 상품을 저렴한 가격으로 살 수 있다.

또 마이크로소프트(Microsoft)의 윈도우(Window OS)가 탑재된 컴퓨터 및 구글(Google)이 제공하는 안드로이드(Android OS)가 탑재된 스마트폰에는 모두 저가형 모델이 있다.

이는 예시를 들자면 다음과 같이 활용할 수 있다. 아르바이트해서 저가형 컴퓨터나 스마트폰을 산 뒤, 프로그래밍 직종에서 일하는 방법을 검색하거나 책을 사서 공부하고, SNS를 통해 초보자와 전문가가 함께 활동하는 커뮤니티에 가입한다. 이윽고 프로그래밍에 능숙해지면 높은 연봉을 주는 회사에 취직한다. 한편으로는 커뮤니티에서 활동함으로써 외로움에서 벗어날 수 있다.

구글이나 아마존이 인터넷으로 저렴한 서비스를 제공할 수 있는 이유는 비즈니스 모델을 연구한 덕분이다. 실제로 구글과 페이스북은 광고주로부터 광고비를 받고 사이트에 광고를 게재함으로써 수익을 올리고 있다. 이렇듯 비즈니스 모델을

연구하면 일반인뿐만 아니라, 빈곤층이나 소수층에게까지 서비스를 제공하는 방향으로 이어질 수 있다.

대개의 NPO나 소셜 비즈니스가 새로 발생하는 사회적 약자 수를 웃돌 만큼 성장할 것이라고는 기대하기 어렵다. 그러나 구글이나 페이스북과 같은 대기업이 개인 정보를 정부 측에 제공하지 않고 공공의 목적으로 서비스를 제공하는 '소셜 가파(Social GAFA)'를 실현한다면, 언젠가는 정말로 사회적 약자가 존재하지 않는 세상이 올지도 모른다. 그렇기에 나 역시 이러한 서비스를 만들기 위해 노력하고 있다.

5

사회 구조가
바뀌지 않는 한
우리는 행복해질 수 없다

부자가 되어 악인으로부터 도망칠 수도, 새로운 방법으로 모든 사람에게 이성을 가지게 할 수도 없다면 우리에게는 새로운 사회 구조가 필요하다. 자본주의와 민주주의가 사회문제를 해결하는 구조 그 자체를 바꾸지 않는다면, 빈곤층이나 소수층은 가지고 있는 문제를 영원히 해결할 수 없어 불행해지고 말 것이다.

그러나 **사회 구조를 바꾸는 사안은 신중하게 생각해야 한다.** 역사적으로 자본주의와 민주주의에 반대하면서 집권한 많은 공산주의 정권이 정치적·경제적으로 실패해 붕괴했다. 그렇기에 새로운 사회 구조를 고안할 때는 신중할 필요가 있다.

여기서 **'전파 시스템'**이라는 아이디어를 참고할 수 있다.[6] 전파 시스템이란 경제 · 정치 · 국방 분야에서 국민 모두가 서로에게 영향을 주는 시스템을 말한다.

예를 들어 일본의 전 프로야구선수 '스즈키 이치로'가 중학생이던 시절, 일주일에 한 번씩 어느 라면 가게에 방문했다고 치자. 이 라면 가게는 이치로의 성장에 일정 부분 기여했다. 그렇기에 성인이 된 이치로의 월급 일부는 이 라면 가게에 돌아가게 된다(라면 가게의 수익 상승으로 이어진다). 이것이 바로 경제적인 전파 시스템이다.

전파 시스템을 정치에 적용하면 현재의 투표 시스템인 1인 1표 구조를, 1표를 나누는 구조 등으로 바꿀 수 있다. 예컨대 나는 내가 가진 1표를 친구에게 0.2표, 전문가에게 0.8표로 나누어 주고, 0.2표를 받은 친구는 다시 자신이 가진 1.2표를 다른 친구에게 나누어 줄 수 있다.

이 전파 시스템의 포인트는 사람의 이성을 민주주의, 자본주의처럼 100% 신뢰하지도, 공산주의처럼 신뢰하지 않는 것도 아닌 그 중간 지점에서 적당히 통제할 수 있다는 점이다. 이를 통해 경제는 특정인 한 사람만 책임지지 않아도 되고, 정치는 각 분야에서 뛰어난 능력을 지닌 사람에게 맡길 수 있게 된다.

6

같은 장소가 아닌, 같은 목표를 가진 이웃을 만들어야 한다

　국가는 영토·영해·영공으로 이루어진 곳으로, 그곳에 사는 사람들은 국민이라고 불리며 같은 팀으로 취급된다. 그러나 **국가의 경제가 아무리 발전하고 국민 중에 똑똑한 사람이 있어도, 동료 의식을 느끼지 못한다면 이 국가에는 악인이 끊임없이 나타나고 사회문제가 사라지지 않을 것이다.**

　하지만 사람은 사회적인 동물이라서 동료 의식을 전혀 느끼지 못하는 것은 아니다. 각 지역의 전통을 중시하는 사람들, 애니메이션·만화 등의 서브컬처를 좋아하는 사람들, 여성·장애인과 같은 다양성을 중시하는 사람들을 그 예로 들 수 있다.

그럼 장소에 상관없이 동료 의식을 가진 사람들끼리 나라를 세운다면 어떻게 될까? 동료 의식이 느껴지는 이웃이라면 돕고 싶을 것이고, 돕고 싶은 이웃이 지원금이나 제품을 사용하는 걸 보면 만족스러울 것이다. 이처럼 장소에 상관없이 나라를 세우고, 경제·정치에는 앞서 소개한 전파 시스템을 이용하면 문제없이 운영될 것이다. 다만 장소에 상관없이 나라를 세우면 적을 방비하는 데서 문제가 생긴다. 악인의 공격을 방어하려면 가능한 한 악인보다 많은 인원으로 대처하는 편이 나은데, 사람을 모을 때는 특정한 장소를 정해두는 것이 효율적이기 때문이다. 이러한 상황에도 적용할 수 있는 전파 시스템 이론이 존재한다.[7]

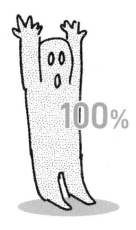

이 이론에 따르면 먼저 자동으로 상대가 적인지 아닌지 판단할 수 있다. 이때 '공감할 수 있는 이웃일 가능성 40%, 의견이 맞지 않아 적대할 가능성 60%' 식으로 계산되며 결정이 내려진다.

다음으로 자동으로 자신과 상대가 이동할 수 있는 장소를 제한한다. 만일 누군가 그 제한을 어기면, 구성원 전원에게 지급된 '총'과 길거리에 설치된 센서가 상대에게 내릴 처벌을 자동으로 계산해 마비시키거나 파괴한다.

이와 같은 대처 방안은 인터넷으로 다양한 데이터를 모으고, 이를 자동으로 계산할 수 있는 현대 사회라 가능한 방위 수법이다. 상대가 적인지 아군인지 판단하는 기준이나 자동으로 발사되는 총 등은 쉽게 만들지 못하는 것이다 보니, 곧바로 실현할 수는 없다. 그러나 당신이 누구와 이웃이 되고 싶은지 다시 생각해 본다면 꼭 필요한 기술 중 하나로 자리 잡을 것이다.

7

전문가는
크게
네 부류로 나뉜다

Steve
& Steve

    같은 목적을 가지고 새로 사귄 이웃과 더 나은 사회를 만들고자 할 때, 그 팀 성과의 질적 측면은 협력 방식에 따라 크게 달라진다. 만약 누군가 내게 어떤 협력 방식이 좋은지 묻는다면, 나는 **보안 관계**라 답하겠다. 이는 쉽게 말해 자신의 부족한 능력을 타인의 특출난 능력으로 보완하는 관계다.

    사실 역사상 천재라 불리던 사람들도 대부분 우수한 2인자와 보완 관계를 형성함으로써 탄생했다. 이는 대기업인 소니(SONY), 애플(Apple), 구글(Google)도 마찬가지다. 어떤 일을 처리할 때 혼자서는 한계가 있지만, 두 사람 이상이 모이면 처리할 수 있는 업무량이 현격히 증가하지 않는가.[8]

전달하는 능력   **도구를 만드는 능력**

자원을 배분하는 능력   **규율을 만드는 능력**

개인의 특출난 능력은 크게 4가지 분야로 나눌 수 있다.

첫째, 전달하는 능력이다. 보도 기자나 학교 선생님, 예술가 등이 여기에 해당하며, 이들은 어떠한 사실을 전달함으로써 상대를 움직일 수 있다. 둘째, 도구를 만드는 능력이다. 과학자나 엔지니어 등이 여기에 해당한다. 셋째, 자원을 배분하는 능력이다. 투자자나 경영인이 여기에 해당하며, 인재, 돈, 물자, 정보를 적재적소에 배분할 수 있다. 넷째, 규율을 만드는 능력이다. 정치인이나 판사, 변호사, NPO/NGO 등이 여기에 해당한다.

　다만 여기서 말하는 특출난 능력은 강한 힘과 같은 개인 차원이 아니라, 사회 구조를 성립하는 데 필요한 역할 차원의 능력을 말한다.

　지금까지의 사회는 4가지 분야의 전문가가 서로 조금씩 부분적으로 협력했다. 그러다 보니 입만 살았다거나 가진 건 돈뿐이라며 서로를 싫어했을지도 모른다. 그러나 '모두의 기본적인 행복을 위한다'라는 공통된 목표가 있다면, **특출난 능력을 살려 상호 보완함으로써 수많은 아이디어를 제시하고, 그 아이디어를 쉽게 실현해 더 큰 가치를 만들 수 있다.** 나 역시 이를 위해 각 분야에 대학교, 싱크 탱크, 미술관, 은행이라는 이름의 '연구 기관'을 만들고자 한다.

8

인간에 대한 이해 없이
새로운 구조를 만들면
반발만 생길 뿐이다

인간이란 무엇인가?

사회 구조를 고안할 때는 '인간이란 무엇인지' 완전히 이해해야 한다. 인간이 어떤 상황에 어떻게 행동하고 어떠한 감정을 느끼는지 완벽하게 파악할 수 있다면, 그 사람에 맞춰 교육을 추천하거나, 친구나 직장, 연인을 찾아줌으로써 모두가 행복해질 수 있다. 만약 완벽한 AI가 개발된다면 이러한 모든 일을 로봇이 대신해 줄지도 모르겠다.

　인간을 이해하는 방법은 학문밖에 없다. 그렇기에 우리는 인간을 유전 정보·뇌과학을 토대로 이해하거나, 사회적 집단으로 이해하거나, 심지어는 다른 생물로부터 힌트를 얻어 이해하고자 한다.

　앞서 설명한 바와 같이 인간에 대해서는 상당히 많은 부분이 밝혀졌다. 예컨대 전두엽의 발달과 신경전달물질의 처리 기능이 사람의 이성에 영향을 준다는 사실처럼 말이다. 그러나 지금껏 완벽한 AI가 개발되지 않은 사실에서 볼 수 있듯, 아직도 밝혀야 할 부분은 산더미처럼 많다.

　예컨대 앞서 사람은 가정의 정보를 생성함으로써 주관적으로 세상을 인식한다고 소개했다. 그러나 어떻게 생성되는지 그 방식까지는 밝혀지지 않았다. 이렇듯 그 방식을 모르면 인간의 성격이 어떤 현상으로부터 어느 정도의 영향을 받아 형

성되는지 알 수 없다. 더 나아가 성격의 형성 방식을 모르면 모든 정책이 지배적이고 강요하는 형태로 작용할 여지도 생긴다. 다시 말해 진정으로 어떻게 해야 그 사람이 행복해질 수 있는지, 또 어떻게 해야 모두가 서로 협조해 나갈 수 있는지 알 수 없는 것이다.

공산주의는 이를 제대로 판단하지 못해 실패했고, 자본주의와 민주주의 역시 타협안으로서 유지되고 있기는 하나 계속 사회문제가 발생하고 있다. 내가 주장하고 있는 바와 같이 **이대로라면 계속해서 피해자가 무작위로 발생하고 이들은 불행해질 수밖에 없다.** 이러한 지옥을 끝내기 위해서라도 인간을 이해하는 연구는 계속돼야 한다.

9

눈앞의
손익을 따져 보면
모든 것을
파악할 수 있다

　인간을 이해하는 데 있어 '**감정**'을 빼놓을 수는 없다. 감정이 움직이는 포인트는 사람마다 다르다. 예컨대 멜로영화를 보는 데서 눈물을 흘릴 만큼 감동하는 사람이 있는가 하면, 많이 움직이고 땀을 흘리는 데서 좋은 기분을 느끼는 사람도 있다. 그러나 이와 같은 감정의 다양성이 '어떻게' 생겨나는지는 유전적 요인이나 뇌의 형태, 경험 등 영향을 주는 요인이 매우 다양해 특정하기 어렵다.

　한편으로 그 사람이 어떤 현상에 '어떤 감정'을 가지는지(인간 감정의 기울기)는 질문을 함으로써 알아낼 수 있다. 다만 이때 현상의 양면성을 강조해 질문하는 것이 효과적이다. 여기서 양면성이란 상반되는 두 가지 성질을 말하는데, 겉/속이나 장점/단점 등이 여기에 해당한다.

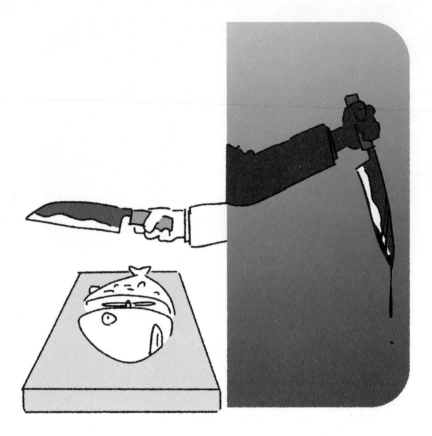

　만약 그 사람이 그다지 중요하지 않게 생각하는 일에 대한 질문이라면, 장점과 단점 모두 냉정하게 대답할 것이다. 예컨대 식칼의 장점은 요리를 편리하게 해준다는 점이고 단점은 살인 도구로 사용될 수 있다는 점이라는 식으로 말이다.

　반면 매우 중요하거나 싫은 일에 대한 질문일 때, 심지어는 하나만 대답해야 하거나 모두 대답해야 할 때, 그 사람은 감정적으로 변할 것이다. 예컨대 과거 음주운전으로 피해를 봤던 사람이 술을 긍정적으로 이야기하기 어려워하는 것처럼 말이다.

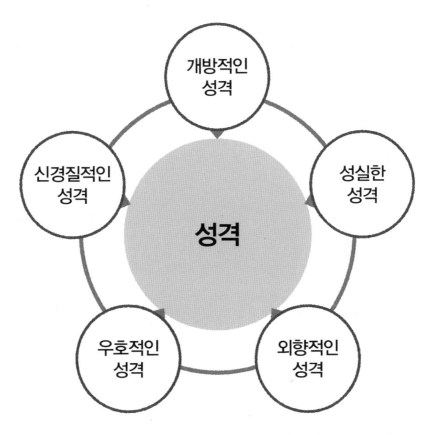

참고로 인간 감정의 기울기를 알아내는 방법은 또 있다. 바로 케임브리지 애널리티카가 2016년 미국 대선과 영국 유럽연합 회원국 국민투표에서 선거를 조작하는 데 사용한 '5가지 성격 특성 요소(Big Five personality traits)'가 그것이다.[※9]

물론 악인이 이러한 인간을 이해하는 방법을 이용하면 사람들은 불행해지고 말 것이다. 그럼에도 모두가 기본적인 행복을 충족하는 사회를 만들고자 한다면, 어떻게 해야 모두가 행복해질 수 있는지 파악하기 위해 반드시 요구되는 방법이다.

10

디자인만이
모든 사람이 행복한 구조를
만들 수 있다

　많은 사람이 애초에 사회 구조를 새롭게 구축할 수 있는지 의심할 수 있다. '사회'란 수많은 사람과 관련된 주제인 데다, 실상 공산주의와 같은 새로운 사회 구조가 나타날 때 많은 사람이 희생되었기 때문이다. 또 역사적으로 사회 구조가 자주 바뀌지 않았다는 점도 이유 중 하나일 것이다. 봉건제에서 오늘날의 사회 구조로 바뀌는 데도 몇백 년이라는 시간이 걸리지 않았는가.

　하지만 **다시 인류의 역사를 비추어 보자. 이따금 대두되던 새로운 무언가는, 제기되는 문제나 불만을 개선·해결함으로써 일상생활에 정착해 왔다.** 더욱이 문제를 개선·해결할 수 있는 색다른 방법이 생겨났을 때는 더 빠르게 정착했다.

　예컨대 이동 수단이 말에서 자동차로 전환되던 시대를 떠올려 보자. 말에 비해 자동차의 이동 거리에 한계가 있어 증기를 이용하는 기술이 발전하지 않았는가. 이는 사회 구조 역시 마찬가지다. 봉건제에 문제가 있어 자본주의, 민주주의가 등장했으나, 여기에도 문제가 있으니 바꿔야 하지 않겠는가.

　이렇듯 문제나 불만이 제기되었을 때, 이를 개선·해결하고, 목적을 달성하려면 적절하고 창조적인 수단이 필요하다. 이때 활용할 수 있는 것이 바로 **'디자인'**이다. 여기서 말하는 디자인은 겉모습이나 치장을 의미하는 것이 아니라, '설계'의 뜻으로 번역된다. 주로 의류를 비롯해 건축이나 카피 문구 등에 사용된다.

최근 비즈니스 업계에서도 '디자인 씽킹(Design Thinking)'이라는 단어가 통용되고 있는데,[10] 이는 과제의 해결과 더불어 과제를 새로운 시각으로 바라보기 위한 목적에서 사용되고 있다.[11]

그것이 무엇이든 문제를 해결한답시고 새로운 것만을 추구하면, 공산주의처럼 실패하거나 기본소득 제도의 사례처럼 잘못된 해결책을 낼 가능성이 생긴다. 문제를 해결할 때는 문제의 본질을 제대로 이해하고, 설계(디자인)해 적절한 해결책을 산출할 줄 알아야 한다. **나는 '전원 기본적 행복'이라는 커다란 주제를 소재로, 동적으로든 정적으로든 다양한 디자인이 이루어지길 간절히 바라고 있다.**

에필로그

프롤로그에서 언급했다시피 나는 정책 제언이나 크라우드 펀딩, 소셜 비즈니스 분야에서 일하며 이 책을 완성할 때까지 10년간 오로지 사회문제의 원인을 분석해 왔다.

그 세월 속에서 평소에 하던 생각이나 습관을 마지막으로 소개하고자 한다.

1. 아무것도 모르니까 양으로 승부하자

우리는 우선 **아무것도 모른다**는 점을 인식해야 한다. 예를 들어 '윗사람은 공경해야 한다'는 상식을 보자. 이러한 상식은 누군가를 통해 익히게 되겠지만, 나는 이것이 진정 올바른 상식인지, 어떻게 만들어졌는지, 나아가 이 상식을 알면 무엇이 좋은지 알지 못한다. 아무것도 모르니까. 그렇기에 올바른지 아닌지 판단할 수 있도록, '왜?' 또는 '그건 뭐지?' 하는 식으로 의문을 가지고 많은 걸 알아가고자 한다.

나는 아무것도 모르기 때문에 알 때까지 많은 분야를 찾아본다. 이때 책은 물론이고 그 책에서 인용한 다른 책이나 논문도 함께 확인한다. 나아가 할 수만 있다면 논문의 근거로 사용되는 조사 방법까지 알아보고 싶다. 책이나 논문, 통계 등의 자료에는 '현재'의 정보가 담겨있지 않은 경우도 많다. 그래서

나는 직접 지인이나 인터넷을 통해 인터뷰·설문조사를 실시함으로써 '생생한 의견'을 모으거나, Twitter나 통계청에서 데이터를 다운로드해 분석하기도 한다. 그러다 보니 내가 평소에 접하는 다양한 정보와 TV에 나오는 뉴스 속보가 대체로 연결돼 있다. 덕분에 정보 간의 관계를 파악할 수 있는 셈이다.

어떤 조사 방식이든 그 양(量)은 '100 이상'이 좋다. 책이라면 100권 이상, 설문조사라면 100명 이상 조사해야 한다. 이 정도는 조사해야 끝내 '고민'이나 '선입견'이 사라진다. 방심은 최대의 적이다. 대부분의 실수는 자만심으로 일어난다. 사전에 얼마만큼 조사했느냐에 따라 실수가 판가름되니, 충분한 양을 조사하지 않는다는 건 위험한 생각이다.

2. 집합론과 양면성으로 정보를 정리하자

조사한 정보를 정리하는 방법에는 집합론과 양면성, 두 가지가 있다.

집합론은 주로 고등학교 수준의 수학 수업에서 배우는데, A라는 집합 안에 B나 C가 포함된다는 식의 이론이다. 이는 정보를 정의하거나 분류하는 데 도움이 된다. 예컨대 '윗사람'은 집합에 포함되는 '나이'나 '직장 상사' 등의 요소로 정의할 수 있다. 반대로 '윗사람'을 제외하는 집합도 있는데, 이러한 개념을 '여집합'이라고 한다. 이 예시에서 여집합은 '아랫사람'이다. 이렇게 '윗사람'과 '아랫사람'으로 분류하고, 이어 각각의 집합 요소와 여집합 요소를 또 하나의 집합으로 생각하면 끝없이 집합을 만들 수 있다. 그렇지만 집합론은 어디까지나 정의하거나 분류하는 데만 사용할 수 있다.

한편 사람은 모든 일에 '의미'를 부여한다. '윗사람은 고귀하다'나 '자연은 아름답다'와 같은 형용사를 붙이는 것처럼 말이다. 이는 개인이 가진 호불호의 기준이다. 바로 이 기준을 가리켜 양면성이라고 한다. 윗사람이 고귀하다면 아랫사람은 고귀하지 않을까? 윗사람을 공경할 때의 장단점은 무엇일까? 아랫사람을 공경하지 않을 때의 장단점은 무엇일까? 이러한 질문을 책이나 통계, 설문조사 등을 통해 확인함으로써 **각 집합을 바라보는 가치관을 밝혀낼 수 있다.**

3. 목적과 수단을 명확하게 정하자

우리는 대개 넓고 얕은 정보를 얻음으로써 전체적인 사회의 양상을 알게 된다. 이 사회 속에서 살아가는 우리는 매일매일 시간과 돈을 낭비하지 않기 위해서라도 **목적과 수단**을 정해야 한다.

그러니 먼저 '목적'을 정하자. 목적은 자신이 하고 싶은 일이나 해야만 하는 일을 말한다. 그다음 '수단'을 정하자. 수단은 목적을 달성하기 위해 필요한 지식이나 능력을 말한다. 예컨대 자급자족 사회가 아니면 돈을 벌어야만 생활할 수 있기에 엑셀 사용법을 배운다거나, 파리 패션 위크에 나가고 싶기에 모델 워킹이나 패션과 관련된 지식을 갈고닦는다는 식으로 말이다. 다만 올바른 수단을 정하기 위해서는 올바른 목적이 전제되어야 한다.

한편 목적은 '과제' 또는 '가설'로 바꿔 말할 수 있다. '어떤 과제 해결을 위해' 또는 "'A는 B이다'와 같은 가설을 확인하기 위해" 하는 식으로 말이다. 과제나 가설, 즉 목적이 어려울수록 그 달성에는 시간·노력·돈이 들기 마련이다. 다시 말해 양으로 승부할 필요성이 생기는 것이다.

목적을 설정하고 수단을 갈고닦다 보면 기회가 찾아왔을 때 이를 잡을 수 있다. 그렇게 되면 스스로 운이 좋다고 여길 만큼 기회를 마주하는 순간이 늘어난다. 나는 이러한 사람을 **'가설의 확률이 높은 사람'**이라고 말한다. 가설의 확률이 높은 사람은 나이에 구애받지 않는다.

4. 친구나 이웃은 적어도 상관없다

무엇보다도 인간관계는 매우 중요하다. 인간관계에서는 **'말 한마디 놓치지 않고 상대의 말을 경청'**할 줄 알아야 한다. 나는 경청이 무척 서툴러서 능숙해질 때까지 오래 걸렸다. 이게 가능해지면 상대를 파악하는 일이 쉬워진다.

나는 의사소통에 있어 긍정적인 상대인지 부정적인 상대인지가 매우 중요하다고 생각한다. 잘 풀리지 않는 일을 주변 사람 탓으로 돌리거나, 뒤에서 남의 험담을 하는 사람과는 절대로 사귀고 싶지 않다. 나 역시 무슨 일이 있어도 그런 행동을 하지 않으려고 노력하고 있다. 만일 내가 부정적으로 소통한다면, 분명 내 주변에는 나처럼 소통하는 사람만 늘어날 것이다. 이런 걸 두고 '유유상종'이라고 말하지 않는가.

그러니 착한 사람을 사귀고 싶다면 자신부터 착한 사람이 되어야 한다. 결국 자신을 부정하는 사람은 상대도 부정하고, 자신을 긍정하는 사람은 상대도 긍정하는 것이다. 긍정적인 사람은 타인의 도전을 응원할 줄 알고, 부정적인 조언도 부드럽게 돌려 말할 줄 안다. 또 득실을 따지지 않으니 많은 걸 알려주는 데다, 건설적으로 논의할 수 있으니 언쟁이 벌어질 확률도 낮다. 그래서 나 또한 이러한 이들에게 감사함을 느끼고 보답하고 싶다는 생각이 든다.

5. 우선적으로 중요한 것은 자신의 행복이다

앞서 목적에 따라 수단이 정해진다고 했는데, 어쩌면 돈이나 명예를 목적으로 수단을 정하는 사람이 있을지도 모른다. 나는 나 자신의 행복을 위해 살고 있다. 이렇게 말하면 자기중심적이라고 생각할 수도 있겠지만, 나는 우선 **자신이 행복해야 타인도 행복하게 만들 수 있다고 믿는다.** 자신이 불행한데 타인을 행복하게 만들려다 보면, 피로감을 느끼다 결국 그만두게 된다. 다시 말해 사랑하는 사람이나 소중한 사람을 '계속' 행복하게 만들어 주려면, 무엇보다도 자신이 행복해지는 게 중요하다.

그리고 앞서 소개한 것처럼 행복해지는 방법은 어느 정도 과학적으로 밝혀졌다. 이상한 사이비 종교나 자기계발서가 아니라 과학적으로 검증된 사실 말이다. 이 책에 서술한 것처럼 행복해지고 싶다면 불행 요인을 줄이고 행복 요인을 늘리도록 하자. 유유상종이라는 말처럼 당신이 행복해지면, 그 주변에 행복한 사람이 몰려들 것이다.

나는 딱히 연 수입으로 일억 원 정도를 벌겠다고 이 활동을 시작한 것이 아니다. 그 정도는 이미 벌고 있었다. 단지 좀 더 많은 사람을 행복하게 만들고 싶어 활동하고 있다.

제 의견에 동의하지 않는 분들도 많으실 겁니다.

다만 저는 피해자가 되었거나,

지금의 처지를 개선하고자 하는 사람에게

조금이라도 도움이 되길 바라며 이 책을 썼습니다.

저는 앞으로도

그 누구도 피해자가 되지 않는 세상을 만들기 위해

일생을 바쳐 노력할 것입니다.

도키와 에이스케

참고 문헌

Chapter1 악인이 사라지지 않는 이유는 무엇인가?

1 第20回児童虐待防止対策協議会(제20회 아동 학대 방지 대책 협의회), "「特定非営利活動法人児童虐待防止全国ネットワーク」提出資料", https://www.mhlw.go.jp/file/06-Seisakujouhou-11900000-Koyoukintoujidoukateikyoku/0000187624.pdf, 2017

2 文部科学省(문부과학성), "令和元年度児童生徒の問題行動・不登校等生徒指導上の諸課題に関する調査結果について", https://www.mext.go.jp/b_menu/houdou/mext_00351.html, 2020

3 厚生労働省(후생노동성), "「平成30年度 個別労働紛争解決制度の施行状況」を公表します", https://www.mhlw.go.jp/stf/houdou/0000213219_00001.html, 2019

4 エン・ジャパン(엔재팬), "ミドルに聞く「パワハラ」実態調査『ミドルの転職』ユーザーアンケート", https://corp.en-japan.com/newsrelease/2019/16367.html, 2019

5 山本譲司, 『刑務所しか居場所がない人たち』, 大月書店, 2018

6 警察庁(경찰청), "警察白書", https://www.npa.go.jp/publications/whitepaper/index_keisatsu.html, 2021

7 内閣府政府広報室(내각부 정부 홍보실), "「治安に関する世論調査」の概要", https://survey.gov-online.go.jp/tokubetu/h29/h29-chian.pdf, 2017

8 文部科学省(문부과학성), "児童生徒の問題行動・不登校等生徒指導上の諸課題に関する調査", https://www.mext.go.jp/a_menu/shotou/seitoshidou/1302902.htm, 2021

9 大竹文雄 외 1인, "失業率と犯罪発生率の関係：時系列および都道府県別パネル分析", https://www.osipp.osaka-u.ac.jp/archives/DP/2010/DP2010J007.pdf, 2010

10 警察庁(경찰청), "自殺者数", https://www.npa.go.jp/publications/statistics/safetylife/jisatsu.html, 2021

11 警察庁(경찰청), "特殊詐欺認知・検挙状況等について", https://www.npa.go.jp/publications/statistics/sousa/sagi.html, 2021

12 WHO, "Violence against children", https://www.who.int/news-room/fact-sheets/detail/violence-against-children, 2020

13 ダン・アリエリー, 『お金と感情と意思決定の白熱教室』, 早川書房, 2014

14 나카노 노부코, 『정의중독 : 인간이 타인을 용서하지 못하는 이유』, 시크릿하우스, 2021

15 Sarnoff A. Mednick 외 2인, "Genetic Influences in Criminal Convictions: Evidence from an Adoption Cohort", https://science.sciencemag.org/content/224/4651/891, 1984

16 H. G. BRUNNER 외 4인, "Abnormal Behavior Associated with a Point Mutation in the Structural Gene for Monoamine Oxidase A", https://science.sciencemag.org/content/262/513 3/578, 1993

17 中野信子, 『サイコパス』, 文藝春秋, 2016

18 Kazutaka Ohi 외 10인, "Impact of Familial Loading on Prefrontal Activation in Major Psychiatric Disorders : A Near-Infrared Spectroscopy (NIRS) Study", https://www.nature.com/articles/srep44268, 2017

19 法務省(법무성), "平成 30 年版 犯罪白書", http://hakusyo1.moj.go.jp/jp/65/nfm/mokuji.html, 2018

20 도모다 아케미, 『부모의 그 한마디가 아이 뇌를 변형시킨다』, 미스터제이, 2021

21 内閣府(내각부), "第 4 回 非行原因に関する総合的研究調査の概要", https://www8.cao.go.jp/youth/kenkyu/hikou4/gaiyou/gaiyou.html, 2010

22 NATIONAL GEOGRAPHIC, "人の災難を喜ぶいじめっ子の脳", https://natgeo.nikkeibp.co.jp/nng/article/news/14/591/, 2008

23 法務省(법무성), "犯罪白書", http://hakusyo1.moj.go.jp/jp/62/nfm/n62_2_6_4_4_2.html, 2015

24 케빈 더튼, 『천재의 두 얼굴, 사이코패스』, 미래의창, 2013

25 鈴木伸元, 『性犯罪者の頭の中』, 幻冬舍, 2014

26 大津市 いじめ対策ポータル(오쓰 시 왕따 대책 포털), "平成 30 年度 大津市いじめの防止に関する行動計画モニタリングに係るアンケート調査結果", https://www.city.otsu.lg.jp/ijime_taisaku/torikumi/kodo/monitoring/24550.html, 2019

27 Natasha Dow schüll, 『Addiction by Design』, Princeton University Press, 2012

Chapter2 악인이 만들어지는 구조가 존재한다

1   文部科学省(문부과학성), "TALIS(OECD 国際教員指導環境調査)", https://www.mext.go.jp/b_menu/toukei/data/Others/1349189.htm, 2016

2   厚生労働省 (후생노동성), "児童相談所関係資料", https://www.mhlw.go.jp/file/05-Shingi kai-12601000-Seisakutoukatsukan-Sanjikanshitsu_Shakaihoshoutantou/0000104093.pdf, 2015

3   TOYO KEIZAI, "児童相談所職員にのしかかる何とも過重な負担", https://toyokeizai.net/articles/-/303391, 2019

4   中野信子, 『人はなぜ他人を許せないのか ?』 アスコム, 2020

5   Erin Duffin, 「Jail incarceration rate of confined inmates in the United States in 2020, by race/Hispanic origin」, https://www.statista.com/statistics/816699/local-jail-inmates-in-the-united-states-by-race/, 2020

6   The Washington Post, "1,012 people have been shot and killed by police in the past year", https://www.washingtonpost.com/graphics/investigations/police-shootings-database/, 2022

7   松田雄馬, 『人工知能の哲学』 東海大学出版会 , 2017

8   厚生労働省 (후생노동성), "平成 30 年 国民生活基礎調査の概況", https://www.mhlw.go.jp/toukei/saikin/hw/k-tyosa/k-tyosa18/index.html, 2018

9   石井光太, 『本当の貧困の話をしよう 未来を変える方程式』 文藝春秋, 2019

10 大津市 いじめ対策ポータル(오쓰 시 왕따 대책 포털), "平成 30 年度 大津市いじめの防止に関する行動計画モニタリングに係るアンケート調査結果", https://www.city.otsu.lg.jp/ijime_taisaku/torikumi/kodo/monitoring/24550.html, 2019

11 「ブラック校則をなくそう!」プロジェクト, "2018 年 3 月 8 日, 記者会見を行いました～アンケート調査結果と配布資料", http://black-kousoku.org/category/report/, 2018

12 秦政春, 「いじめ問題と教師：いじめ問題に関する調査研究(II)」 日本教育社会学会大会発表要旨集録 , 1998

13 森田洋司 외 4인, 『日本のいじめ—予防・対応に生かすデータ集』 金子書房, 1999

14 SankeiBiz, "インド, 農家の借金を帳消しへ 自殺者の 9. 4％占め, 社会問題に", https://www.sankeibiz.jp/macro/news/180515/mcb1805150500005-n1.htm, 2018

15 Aaron O'Neill, "India: Degree of urbanization from 2010 to 2020", https://www.statista.com/statistics/271312/urbanization-in-india/, 2022

16 Ministry of Statistics and Programme Implementation, "Quarterly Bulletin, Periodic Labour Force Survey (PLFS), (April ‒June 2019)", http://www.mospi.gov.in/sites/default/files/publication_reports/Quarterly_Bulletin_PLFS_April_June_2019_M_0.pdf, 2020 [2022 년 3 월 기준 경로 이전 확인] https://www.mospi.gov.in/documents/213904/301563//Quarterly_Bulletin_PLFS_April_June_2019_M_01602100191601.pdf/3fbc6d29-f2cc-a281-4e96-454f3008a08f

17 NATIONAL CRIME RECORDS BUREAU, "Crime in India 2018", https://ncrb.gov.in/en/crime-india-2018-0, 2022

Chapter3 지난 300년간, 우리는 잘못된 방식으로 악인을 물리쳐 왔다

1 Newsweek, "世界最悪のタックスヘイブンはアメリカにある", https://www.newsweekjapan.jp/stories/world/2016/04/post-4888_1.php, 2016

2 Pew Research Center, "Political Polarization in the American Public", https://www.pewresearch.org/politics/2014/06/12/political-polarization-in-the-american-public/, 2014

3 THE ROYAL SOCIETY PUBLISHING, "Association between the dopamine D4 receptor gene exon III variable number of tandem repeats and political attitudes in female Han Chinese", https://royalsocietypublishing.org/doi/10.1098/rspb.2015.1360, 2015

4 内閣府 (내각부), "平成 26 年版 子ども・若者白書 (全体版)", https://www8.cao.go.jp/youth/whitepaper/h26honpen/tokushu_02.html, 2016

5 厚生労働省 (후생노동성), "生活保護制度の現状について", https://www.mhlw.go.jp/file/05-Shingikai-12601000-Seisakutoukatsukan-Sanjikanshitsu_Shakaihoshoutantou/0000164401.pdf, 2017

6 WHO, "WHO Coronavirus (COVID-19) Dashboard 'United States of America'", https://covid19.who.int/region/amro/country/us, 2020〜

7 日本人の国民性調査, "「日本人の国民性 第 13 次全国調査」の結果のポイント", https://www.ism.ac.jp/kokuminsei/page2/index.html, 2014

8 東京大学 , "学生生活実態調査", https://www.u-tokyo.ac.jp/ja/students/edu-data/h05.

html, 2020

9 世界史の窓, "普通選挙 / 男性普通選挙", https://www.y-history.net/appendix/wh1103_1-054.html, 2021

10 Inter-Parliamentary Union, "Women in national parliaments", http://archive.ipu.org/wmn-e/classif.htm, 2019

11 文化庁 (문화청), "平成 30 年度「国語に関する世論調査」の結果について", https://www.bunka.go.jp/koho_hodo_oshirase/hodohappyo/1422163.html, 2019

12 Benesse Literas, "第 1 回 現代人の語彙に関する調査", https://literas.benesse.ne.jp/research/2016/, 2016

13 笹原和俊,『フェイクニュースを科学する：拡散するデマ，陰謀論，プロパガンダのしくみ』化学同人, 2021

14 BuzzFeedNews, "Most Americans Who See Fake News Believe It, New Survey Says", https://www.buzzfeednews.com/article/craigsilverman/fake-news-survey, 2016

Chapter4 지금도 엘리트들은 무지함 속에서 계속 잘못을 저지른다

1 Benjamin Powell, 『The Economics of Immigration』, Oxford University Press, 2015

2 「ブラック校則をなくそう！」プロジェクト, "2018 年 3 月 8 日，記者会見を行いました～アンケート調査結果と配布資料", http://black-kousoku.org/category/report/, 2018

3 https://www.unicef.org/evaldatabase/index_86282.html
[2022 년 3 월 기준 출처 자료 삭제 확인 / 대체 자료 첨부] UBI Guide, "Guess What Happened When Liberia Tested a Pilot Program of Cash Transfers to the Extreme Poor in Bomi", https://www.scottsantens.com/guess-what-happened-when-liberia-tested-a-pilot-program-of-cash-transfers-to-the-extreme-poor/, 2015

4 로버트 H. 프랭크, 『부자 아빠의 몰락』, 창비, 2009년

5 内閣府(내각부), "平成 29 年度 特定非営利活動法人に関する実態調査", https://www.npo-homepage.go.jp/uploads/h29_houjin_houkoku.pdf, 2018

6 RCF, "新公益連盟,「ソーシャルセクター組織実態調査 2017」を発表", https://rcf311.com/2017/12/07/171206shinkoren/, 2017

7   坂本 治也，「NPO・市民活動団体への参加はなぜ増えないのか：'政治性忌避'仮説の検証」，http://hdl.handle.net/10112/00017116, 2019

8   Japan Fundraising Flssociation, "日本の寄付市場の推移", https://jfra.jp/wp/wp-content/uploads/2017/12/2017kifuhakusho-infographic.pdf, 2017

9   VISION OF HUMANITY, "2021 Global Peace Index", https://www.visionofhumanity.org/global-peace-index/, 2021

10 THE CONVERSATION, "Uber's data revealed nearly 6,000 sexual assaults. Does that mean it's not safe?", https://theconversation.com/ubers-data-revealed-nearly-6-000-sexual-assaults-does-that-mean-its-not-safe-128689, 2019

11 unicef, "ミレニアム開発目標(MDGs)", https://www.unicef.or.jp/mdgs/, 2015

12 UNIC, "持続可能な開発(SDGs)報告 2021", https://www.unic.or.jp/activities/economic_social_development/sustainable_development/2030agenda/sdgs_report/, 2021

13 エドワード・スノーデン 外6인, 『スノーデン 日本への警告』, 集英社, 2017

14 WHO, "WHO Coronavirus (COVID-19) Dashboard 'China'", https://covid19.who.int/region/wpro/country/cn, 2020～

15 Carl Benedikt Frey 外1인, "THE FUTURE OF EMPLOYMENT: HOW SUSCEPTIBLE ARE JOBS TO COMPUTERISATION?", https://www.oxfordmartin.ox.ac.uk/downloads/academic/The_Future_of_Employment.pdf, 2013

16 APA PsycNet, "Long-term effects of a control-relevant intervention with the institutionalized aged.", https://doi.apa.org/doiLanding?doi=10.1037%2F0022-3514.35.12.897, 1977

17 Brittany Kaiser, 『Targeted: The Cambridge Analytica Whistleblower's Inside Story of How Big Data, Trump, and Facebook Brock Democracy and How It Can Happne Again』, Harper, 2019

18 David A. Sausa, 『from STEAM to STEAM: Using Brain-Compatible Strategies to Integrate the Arts』, Corwin, 2013

19 나카무로 마키코, 『데이터가 뒤집은 공부의 진실』, 로그인, 2016

Chapter5 악인도 행복해지는 사회로 나아가자

1 島根あさひ社会復帰促進センター, "社会復帰に向けた取り組み", http://www.shimaneasahi-rpc.go.jp/torikumi/index.html, 2021

2 前野隆司, 『幸せのメカニズム 実践 · 幸福学入門』, 講談社, 2013

3 前野隆司, 『幸せのメカニズム 実践 · 幸福学入門』

4 STARTUP DB, "ストックオプションが要。鈴木健氏が語るスマートニュース創業秘話", https://media.startup-db.com/interview/smartnews, 2018

5 라파엘 칼보외 1인, 『긍정컴퓨팅』, 커뮤니케이션북스, 2018

6 鈴木健, 『なめらかな社会とその敵』, 勁草書房, 2013

7 鈴木健, 『なめらかな社会とその敵』, 勁草書房, 2013

8 조슈아 울프 솅크, 『둘의 힘』, 반비, 2018

9 Brittany Kaiser, 『Targeted: The Cambridge Analytica Whistleblower's Inside Story of How Big Data, Trump, and Facebook Brock Democracy and How It Can Happne Again』, Harper, 2019

10 TIM BROWN(IDEO 회장), "디자인 씽킹이란 소비자들이 가치 있게 평가하고, 시장의 기회를 이용할 수 있으며, 기술적으로 가능한 비즈니스 전략에 대한 요구를 충족시키기 위해 디자이너의 감수성 및 작업 방식을 활용하는 사고방식(Design thinking is a human-centered approach to innovation that draws from the designer's toolkit to integrate the needs of people, the possibilities of technology, and the requirements for business success)", https://designthinking.ideo.com/, 2008~

11 川崎和也, 『SPECULATIONS 人間中心主義のデザインをこえて』, ビー · エヌ · エヌ新社, 2019

도키와 에이스케

학대와 빈곤으로부터 살아남은 글로벌 사회 기업가

Amegumi inc. 대표이사

1991년생. 어린 시절 아버지로부터 매일같이 고함, 폭력 등의 학대를 당했다. 부모님의 이혼 후, 파견 회사에 다니는 어머니와 단둘이 생활하며 상대적 빈곤에 빠졌다. 기초생활수급자로 선정되었으나, 일 때문에 어머니가 집을 비우는 날이 계속되었다.

10년 이상 이렇게 생활하던 어느 날, 그는 문득 '왜 나는 이런 환경에 '놓인' 걸까?'라는 의문을 품기 시작했다. 어머니를 통해 아버지 또한 그와 마찬가지로 엄한 부모님 밑에서 학대에 가까운 일을 당했다는 이야기를 들을 수 있었다. 무슨 일이든 자주 감정적으로 변하는 어머니의 성격 탓에 행정 기관이나 NPO 등에 도움을 요청하는 건 생각조차 할 수 없었다고 한다.

그는 본인의 어린 시절과 같은 가정 환경을 없애기 위해 2016년 회사를 설립하고, 지금까지 약 20명의 투자자로부터 10억 원 이상의 자금을 투자받았다. 인도나 아프리카 등지의 신흥국에 살고 있는, 지식도 돈도 없는 사람들이 주 고객층이며 기본 기능만 탑재되어 있으나 오래 쓸 수 있는 저가형 스마트폰인 '선블레이즈 폰(SUNBLAZE PHONE)'을 개발해 기업과 NGO, 정부를 통해 판매했다.

지금은 인도의 교육기관 NGO 7개 단체와 손을 잡고, 코로나바이러스 감염증 사태로 인해 교육을 받을 수 없는 빈곤층 아동들에게 해당 스마트폰을 지원함으로써 온라인 수업을 받을 수 있게 하고 있다. 이 연계 NGO 중에는 '인도판 드래곤 사쿠라'로 유명한 Super30이라는 단체도 있다.

이외에도 농업 지원과 원격 의료, 소액 대출 등을 앱과 연동시켜, 1가구당 1대의 스마트폰만 있으면 이 모든 것이 가능해지는 소셜 임팩트를 일으켰다. 2020년 6월부터는 신흥국뿐만 아니라 일본에서도 법인용으로 판매를 시작해 13,000원/월(통화 무제한 SIM 카드 포함) 정도의 요금을 내면 이용할 수 있다.

다음 세대로 이어져 200~300년 후에는 '전원 기본적 행복(Universal Basic Happiness)'을 실현하는 새로운 사회 구조를 구축할 수 있도록 활동하고 있다. 구체적으로는 새로운 사회 구조를 연구하는 연구 규모를 확장하거나, 연구 기관을 만들고 있다. 구상을 조금씩 현실화하기 위해 노력하는 중이라고 한다.

Special Thanks to
기획 협력 BOOKQuality

내 옆자리의 악인은 왜 사라지지 않을까?

초판인쇄 2022년 05월 31일
초판발행 2022년 05월 31일

지은이 도키와 에이스케
옮긴이 일본콘텐츠전문번역팀
발행인 채종준

출판총괄 박능원
편집장 지성영
국제업무 채보라
책임번역 문서영
책임편집 김도현
디자인 홍은표
마케팅 문선영 · 전예리
전자책 정담자리

브랜드 드루
주소 경기도 파주시 회동길 230 (문발동)
문의 ksibook13@kstudy.com

발행처 한국학술정보(주)
출판신고 2003년 9월 25일 제406-2003-000012호

ISBN 979-11-6801-472-5 03300

드루는 한국학술정보(주)의 출판 브랜드입니다.
잘못된 책은 구입하신 서점에서 바꿔드립니다. 책값은 뒤표지에 있습니다.